Scriptor Praxis

ANDREA SCHULTE

Außerschulische Lernorte

Cornelsen

Die Autorin

Dr. Andrea Schulte ist Professorin für Religionspädagogik an der Universität Erfurt. Seit vielen Jahren befasst sie sich mit unterschiedlichsten Themenfeldern religiöser Bildung und fungiert als Referentin für Lehrerfortbildungen. Sie ist Mitherausgeberin des Schulbuchs „reli plus".

Autorinnen und Autoren der Praxis-Beiträge

Ellen Baumgärtel ist Gymnasiallehrerin für die Fächer Deutsch, Kunst und Evangelische Religionslehre sowie Fachleiterin für Evangelische Religionslehre am Staatlichen Studienseminar in Erfurt.

Prof. Dr. Matthias Hahn ist Gast-Professor für Evangelische Religionspädagogik an der Evangelischen Hochschule in Berlin.

Prof. (apl.) Dr. Stefanie Pfister ist Lehrerin an einer Sekundarschule in NRW und unterrichtet die Fächer Evangelische Religionslehre, Deutsch und Sport.

Juliane Reske ist Gymnasiallehrerin in Erfurt und unterrichtet die Fächer Englisch. Evangelische Religionslehre und Darstellendes Spiel.

Dr. Matthias Roser ist Lehrer für Evangelischen Religionsunterricht, Kulturwissenschaften, Geschichte und politische Weltkunde in Berlin.

Daniel Stimpel ist Regelschullehrer in Thüringen und unterrichtet die Fächer Musik und Evangelische Religionslehre.

PD Dr. Malte van Spankeren ist Gymnasiallehrer in Halle/Saale und unterrichtet die Fächer Geschichte und Religion.

Projektleitung: Marion Clausen, Franziska Wittwer, Berlin
Redaktion: Daniela Brunner, Korschenbroich
Umschlagkonzept: Kerstin Zipfel, München
Umschlaggestaltung: LemmeDESIGN, Berlin
Umschlagfoto: shutterstock/2xSamara.com
Layout / technische Umsetzung: LemmeDESIGN, Berlin

www.cornelsen.de

1. Auflage 2019

Druck: H. Heenemann, Berlin

Printed in Germany

ISBN 978-3-589-16185-0

Inhalt

Bitte vergrößern Sie die Kopiervorlagen mit 141 %.
Sie erhalten dann eine DIN-A4-Seite.

Zum Auftakt – einige Worte vorab!

Außerschulisches Lernen sowie außerschulische Lernorte sind als Themen am Puls der Zeit, weil sie die aktuellen Diskussionen um die Schule der Zukunft und den Unterricht von morgen in besonderem Maße tangieren. Im Rahmen von Schulentwicklung und Schulprogrammen ist Schule gehalten, neue Lehr-, Lern- und Unterrichtskulturen zu etablieren, um entsprechend ihrem Bildungsauftrag Schüler unter den heutigen Bedingungen von Kindheit und Jugend auf die immer komplexer werdende Lebenswelt und die gesellschaftlichen Herausforderungen vorzubereiten. Dabei hat sie aktuelle lerntheoretische Erträge, pädagogische Erkenntnisse, didaktische Entwicklungen, bildungspolitische Vorgaben und gesellschaftliche Gegebenheiten zu berücksichtigen bzw. aufzunehmen. Eine Folge dieser inneren Schulreform ist die Öffnung von Schule, hier verstanden als zunehmende Öffnung hin zu außerschulischen Lernorten, die zum festen Bestandteil schulischer Bildungs- und Erziehungsarbeit werden sollen.

Dieser Band beabsichtigt, denjenigen Lehrkräften, die zum einen in die Praxis hineinwachsen wollen und zum anderen in der Praxis stehen und demzufolge schon über ein umfängliches Bildungswissen verfügen, einen Leitfaden an die Hand zu geben. Ihnen soll kurz und knapp ein verständliches Basiswissen sowie ein konziser Überblick über außerschulische Lernorte und deren Didaktik geboten werden. So ist die Auswahl der Themen praxisorientiert und auf elementare Themen begrenzt, von denen ich meine, dass sie zum Kern einer Didaktik außerschulischer Lernorte gehören.

Der Fokus meiner Ausführungen auf die geistes- und gesellschaftswissenschaftlichen Unterrichtsfächer ist unverkennbar. Diese Ausrichtung hat mit meiner eigenen Profession zu tun, in der ich beheimatet bin. Außerdem verorten sich die MINT- sowie die geistes- und gesellschaftsorientierten Fächer unterschiedlich in ihren jeweiligen wissenschaftlichen Disziplinen. Sie haben demzufolge ein unterscheidbares Selbstverständnis. Deshalb habe ich mich entschieden, diese Perspektivendifferenz zur Geltung zu bringen und die geistes- und gesellschaftsbezogenen Fächer einmal gesondert in den Blick zu nehmen. Sie werden schnell erkennen, dass diese aufgrund ihrer spezifischen Zugänge anders auf außerschulische Lernorte „schauen", mit ihnen umgehen und sie in Gebrauch nehmen. Dieser besondere Fokus soll keine neuen Gräben zwischen den Fächern schaffen. Im Gegenteil! Die differenzierte Wahrnehmung unterstreicht vielmehr die Bedeutung aller

Fächer sowie ihre gleichberechtigte und partizipatorische Teilhabe am Bildungsauftrag der Schule insgesamt.

Ebenfalls unverkennbar ist die Auswahl außerschulischer Lernorte, die eher unspektakulär daherkommen. Hier gilt es, die Orte, die Schüler in ihrer Lebenswelt schon längst kartographiert haben, im schulischen Kontext neu in Augenschein zu nehmen und auf Bildung hin offen zu halten. Aus unterrichtspragmatischen Gründen kommt der Erkundung eine besondere Bedeutung zu.

Zu Beginn eines jeden Kapitels finden Sie eine kurze Vorschau auf das, was Sie nachfolgend erwartet. Am Ende eines jeden Kapitels finden Sie Impulse, mit deren Hilfe Sie sich die Themen und Inhalte noch einmal vor Augen führen, vertiefend weiterarbeiten sowie mit Ihren Kollegen ins Gespräch kommen können.

Abschließend danke ich all' denen, die in ihren Kurzbeiträgen einen außerschulischen Lernort praxisorientiert vorgestellt haben, sowie Frau Franziska Wittwer für die umsichtige verlagsseitige Betreuung dieses Buchprojekts.

Erfurt, im Sommer 2018

Andrea Schulte

Hinweis: Aus Gründen der besseren Lesbarkeit wird in diesem Buch meist die männliche grammatische Form verwendet. Es sind aber damit auch immer Frauen und Mädchen gemeint, also: Lehrerinnen, Schülerinnen etc.

Außerschulische Lernorte – erste Annäherungen

1

In diesem Kapitel erwartet Sie zum Thema
- eine konzise Sammlung subjektiver Eindrücke,
- eine strukturierte Übersicht über die verschiedensten Akteure in der Lernort-Landschaft sowie
- eine kurze Zusammenstellung schulischer und didaktischer Gründe für die Einbindung außerschulischer Lernorte in den Schulalltag.

1.1 Wahrnehmungen außerschulischer Lernorte

Impression 1: Lernen an anderen Orten

Ich bin in der Erfurter Innenstadt unterwegs, deren historisches Stadtbild sich durch unzählige Kirchen, geschichtsträchtige Gebäude sowie kulturell bedeutende Orte auszeichnet. In der letzten Zeit fällt mir immer häufiger auf, wie viele Schulklassen jeder Schulstufe am Vormittag unterwegs sind. Mit ihren Lehrern streben sie einen bestimmten Zielort an oder haben sich schon dort eingefunden. Dann sitzen sie beispielsweise vor dem historischen Rathaus, alleine oder in Kleingruppen, haben vorbereitete Arbeitsblätter und Schreibzeug in der Hand, notieren sich etwas oder reden angeregt miteinander.

Die Schüler haben die Schule verlassen und besuchen einen Ort außerhalb der Schule. Dort haben sie Spaß und Freude, lachen miteinander, verbringen eine gute Zeit und bekommen ein Gespür davon, was Unterricht und Lernen auch sein können. Sie erleben Unterricht einmal anders. Wenn ich dieses lebendige Treiben auf den Wogen außerschulischer Lernorte (ASL) sehe, denke ich unweigerlich: Da hat sich doch in letzter Zeit einiges in der Schule getan! Der Besuch von ASL scheint nicht länger ein einmaliges Ereignis am Ende eines Schuljahres zu sein, wenn z. B. kurz vor den Sommerferien Wandertage, Exkursionen, Unterrichtsgänge etc. Hochkonjunktur haben. Offensichtlich finden solche Aktivitäten nun regelmäßig bzw. mehrmals im Schuljahr statt und jeder Fachunterricht scheint daran beteiligt zu sein, das eine oder andere Mal wohl auch fächerübergreifend im Zusammenschluss mit den anderen Schulfächern.

Impression 2:
Gewohnte Orte einmal anders

Ich bin in der Erfurter Innenstadt unterwegs. Es ist Vormittag. Bald beginnen die Weihnachtsferien. Seit Tagen begegnen mir Schulklassen jeder Schulstufe, die mit ihren Lehrern den Weihnachtsmarkt anstreben. Unterhalb des beeindruckenden Ensembles von Mariendom und Severikirche erstreckt er sich großzügig mit seinen Buden und Ständen auf dem breit angelegten Domplatz. Der originelle Märchenwald, den es schon zu DDR-Zeiten gab, sowie eine aus Holz gefertigte Krippe mit übergroßen Figuren nebst einer Holztafel mit elementarer kurzer Erläuterung über die Bedeutung des Weihnachtsfestes sind seine „Markenzeichen". Auch der Erfurter Weihnachtsmarkt ist eine Großveranstaltung. Mit zwei Millionen Besuchern reiht er sich in die Gruppe von Märkten ein, die als Touristenmagnete gelten können. Trotz Glühwein und Rummel ist er aber dennoch ein stimmungsvoller und vergleichsweise ruhiger Markt. Zwar ist auch hier die Kommerzialisierung des Weihnachtsfestes nicht zu leugnen. Jedoch ist eine behutsame Rückbesinnung auf die ursprünglichen Wurzeln von Advent und Weihnachten wahrzunehmen.

Die Schüler haben die Schule verlassen und besuchen während der Unterrichtszeit einen Ort außerhalb der Schule, den sie sonst als zentralen großen Platz in einem „anderen Gewand" kennen. Jahreszeitlich bedingt sind jetzt in der Adventszeit seine sonstigen Funktionen als Marktplatz, Demonstrationsort, kultureller Fest- und Veranstaltungsplatz nahezu außer Kraft gesetzt. Der Weihnachtsmarkt bestimmt die Szene und wird für die Schüler erklärtermaßen zu einem außerschulischen Lernort, da der Besuch dieses Ortes in die Unterrichtszeit fällt.

Impression 3:
Fehleinschätzungen beim Besuch außerschulischer Lernorte

Ich bleibe beim Beispiel Weihnachtsmarkt. Ich beobachte, dass die Schüler je nach Alter und Schulstufe entweder in Kleingruppen oder mit der gesamten Klasse über den Weihnachtsmarkt gehen. Zum Teil schlendern sie wahllos umher oder steuern gezielt auf die große Backstube zu, in der sie unter Aufsicht und Anleitung Weihnachtsplätzchen backen können. An Tagen wie diesen, kurz vor den Schulferien, scheint an „normalen" Unterricht nicht mehr so recht zu denken zu sein. So trifft der von Schülern dann geäußerte Wunsch, doch einmal „etwas anderes zu machen", sicherlich auch landauf landab auf offene Ohren der Lehrer. Exkursionen, Unterrichtsgänge etc. markieren einen schulischen Exodus, der mit dem vermeintlich guten Gewissen nicht vergeudeter Unterrichtszeit einhergeht.

Blick auf ASL – ein Resümee

Ich ziehe ein erstes Resümee: Meine gesammelten Eindrücke haben gezeigt, dass der Blick auf ASL und außerschulisches Lernen höchst unterschiedlich ausfallen kann.

- Die Unterbrechung des routinierten schulischen Alltags durch einen Lernortwechsel erinnert eindrücklich an den Bildungsauftrag von Schule, Kinder und Jugendliche in das Leben und die Welt einzuführen und ihnen die gesamte „Galerie des Lebens“ vor Augen zu führen. Im Klartext: „Draußen vor der (Schul-)Tür“ gibt es so vieles wahrzunehmen und zu entdecken, was zu unserer Lebenswelt und Alltagskultur gehört und uns so vielfältig und originell zu lernen (auf-)gibt sowie bildend wirken kann.
- Die Zahl von ASL scheint nahezu unbegrenzt zu sein. Wechselnde Gegebenheiten und Anlässe führen dazu, dass sie ihr Gesicht ändern, eine andere Gestalt annehmen können und einen anderen „Gebrauchswert“ erhalten. Aus Marktplätzen können temporäre Weihnachtsmärkte werden. Eine Mehrzweckarena kann zu einem sportlichen Großereignis werden, wenn eine Schulklasse gemeinsam ein Fußballspiel besucht. Ein Theater kann zu „Brettern, die die Welt bedeuten“ (Friedrich Schiller) werden, wenn sich Schüler mit ihren Lehrkräften zu einer Vorstellung einfinden und sich vom Bühnengeschehen affizieren lassen. Eine Kirche kann zu einer Anmutung werden, wenn sich die Lernenden zu einem Gottesdienst am Ende eines Schuljahres versammeln. Ein Planetarium kann zu einem faszinierenden Sternenhimmel werden, wenn durch optische und akustische Effekte Schüler in die unendlichen Weiten und Welten des Universums eintauchen können.
- Es ist einzuräumen, dass der Besuch von ASL zwar in guter pädagogischer Absicht erfolgt, aber ab und an seinen Sinn und seinen Zweck verfehlen kann. Wenn ich dieses zuweilen wuselige Durcheinander auf dem Erfurter Weihnachtsmarkt sehe, stellt sich mir unweigerlich die Frage nach dem pädagogischen Nutzen von ASL, nach den Fehleinschätzungen eines ansonsten doch guten und sinnvollen didaktischen Ansatzes. Gilt auch hier, was letztendlich für alle Didaktiken gilt: Hier und da treiben Fehlformen ihre Blüten, weil der pädagogische Alltag seine eigene Dynamik entwickelt?

1.2 Perspektiven der Bildungslandschaften

Bildungsexperten, Schulpädagogen sowie Fachdidaktiker stellen mittlerweile die Bedeutung außerschulischen Lernens an unterschiedlichen Orten für alle Schulstufen und -arten gleichermaßen heraus. Die Internet-Recherche zum Stichwort *außerschulischer Lernort* (ASL) dokumentiert breit gefächerte Beiträge unterschiedlicher Akteure und Institutionen sowie Auftritte von Schulen. Dabei scheinen nach wie vor die Pädagogik und -didaktik der Primarstufe als auch die Grundschulen ein vornehmliches Interesse an diesen Lernzugängen zu haben.

ASL werden unterschiedlich konnotiert

Die Internet-Recherche deckt außerdem die Begriffsvielfalt auf, mit der ASL assoziiert werden. *Realbegegnung, unmittelbare Begegnung, Lernen außerhalb des Klassenzimmers, originale Begegnung, regionales Lernen* sind die gängigsten und geläufigsten Begriffsannäherungen. Dabei avanciert offensichtlich die *Begegnung* zu einem Schlüsselwort dieses didaktischen Ansatzes.

Ein weiteres: Die naturwissenschaftlichen Unterrichtsfächer sowie Technik, Wirtschaft/Arbeitswelt scheinen in den ASL einen prominenten Zuwachs an Unterrichtsqualität und Stärkung ihres Unterrichtsprofils entdeckt zu haben. Betriebe und Fabriken öffnen ihre Pforten, bieten Führungen durch ihre Einrichtungen an und stellen Praktikumsplätze zur Verfügung. Von dieser Öffnung profitieren beide Seiten. Schüler erkennen, wie aus den in den Unterrichtsfächern vermittelten theoretischen Inhalten eine Praxis konkreter Arbeitsabläufe wird. Sie erkennen, was es heißt, in einem Beruf zu stehen und einen Arbeitsplatz zu haben. Die Betriebe sind arbeitsmarktorientiert und sehen in den Schülern die einen oder anderen potenziellen Auszubildenden.

Die meisten Bildungsserver sowie Schulportale der Länder (wie beispielsweise Baden-Württemberg, Niedersachsen, Hamburg, Mecklenburg-Vorpommern, Berlin-Brandenburg und Sachsen-Anhalt) halten Lernorte-Atlanten sowie Lernorte-Datenbänke vor. Diese informieren über spezifische Orte der Regionen und stellen Einrichtungen vor, die auf besondere Art und Weise die Option für den „Unterricht anderer Art" offenhalten. Die jeweilige Einbettung in den Kontext von Schulentwicklung und Qualitätsstandards ist dabei unverkennbar. Für den Stadtstaat Hamburg liegt beispielsweise eine Übersicht aller Lernorte sortiert nach Bezirken und Religionen vor (Museen, Theater und Kultur, Natur und Umwelt, religiöse Lernorte, Sport und Freizeit, Tierparks, Gedenkstätten). Mit pädagogischen Landkarten, wie beispielsweise Nordrhein-Westfalen sie anbietet, steht ein kostenfreier Internetservice zur Verfügung. Er gibt Schulen aller Schulformen und anderen pädagogischen Einrichtungen einen Überblick über ASL in der näheren Umgebung der Bildungsorte respektive im gesamten Bundesland, zzgl. eines Blogs zum außerschulischen Lernen als Austauschplattform für pädagogische Fachkräfte.

Angebote ASL auf Bildungsportalen

Die Angebote der Bildungsportale der Städte sind breit gefächert. Den Städten ist sehr daran gelegen, möglichst viele Adressen aufzulisten, um auf die Möglichkeiten außerschulischen Lernens in den Städten und deren Umgebung aufmerksam zu machen. Auch ihnen angebundene wirtschaftliche Einrichtungen eröffnen den Schulen vielfältige Möglichkeiten der Begehung und Erkundung ihrer Anlagen. Die Rhein Energie Köln z. B. verweist auf ihre Einrichtungen rund ums Wasser, die als ASL zur Verfügung stehen: die Wasserschule Köln, das Heizkraftwerk, der Fernwärmetunnel, die Biogasanlage. Etliche Forschungseinrichtungen (beispielsweise mit biowissenschaftlichem Schwerpunkt) unterhalten Schülerlabore.

Der Didacta Verband der Bildungswirtschaft hat mittlerweile einen eigenen Ausschuss für außerschulisches Lernen etabliert. Die Körber-Stiftung hält ein Programm vor, in dem die Begeisterung der Schüler für die MINT-Fächer durch ASL und entsprechende Initiativen gefördert werden soll.

Die Aufnahme des Lernens an außerschulischen Orten in die Ausbildungsprogramme und Curricula der Lehrerbildung an den Hochschulen ist vorhanden, allerdings nicht in einem nennenswerten Umfang. Hier engagieren sich vornehmlich die universitären Fachdidaktiken (z. B. Geschichte, Biologie, Chemie, Politische Bildung, Geographie) sowie sonderpädagogische Fachbereiche, an denen Studierende (beispielsweise an der Leibniz Universität Hannover) interessante und außergewöhnliche Angebote zusammengestellt haben. Die Universität Koblenz-Landau unterhält ein Zentrum für Bildung und Forschung an ASL.

Vereinzelt liegen Materialien aus den Studienseminaren der 2. Lehrer(aus)bildungsphase vor. Zudem informiert *FOR – Das Portal für Referendare* ausführlich über ASL als Chancen für den individuellen Lernprozess. Dabei wird insbesondere die Perspektiven-Erweiterung programmatisch hervorgehoben. Sie besteht unter anderem darin, sich als Lehrkraft *zusammen* mit den Schülern sporadisch auf den Weg zu begeben, um andernorts wichtige Erfahrungen und neue Eindrücke zu sammeln sowie außergewöhnliche Erlebnisse zu ermöglichen.

Darüber hinaus gibt die Internet-Recherche zu erkennen, dass die staatlichen Schulämter in den einzelnen Regionen der Bundesländer ein wachsendes Interesse daran haben, den ihren Bezirken zugehörigen Schulen Orte in der nahen Umgebung als ASL vorzuschlagen. Sie weisen ihr Interesse als Reaktion auf die zunehmende Bedeutung außerschulischen Lernens aus, das den Schülern konkrete und handlungsorientierte Lernerfahrungen in verschiedenen Altersstufen und Lebensbereichen ermöglicht. Viele Schulen (insbesondere Grundschulen) haben auf ihren Homepages entsprechende Einträge zum außerschulischen Lernen sowie Übersichten von ASL, deren Besuch als Teil des Schulprogramms und -profils empfohlen wird oder sogar obligatorisch ist.

Forschungen zu ASL untersuchen den Einfluss unterschiedlicher Lernumgebungen auf das Lernen und das Interesse beispielsweise an Physik. Dabei geht es um die Optimierung von Lernumgebungen für Schüler (der Mittelstufe) bezüglich des Lernerfolgs in Physik.

Ich ziehe das folgende Resümee: Mithilfe der Internet-Recherche gelingt es, eine strukturierte Übersicht zu erstellen und die unterschiedlichsten Bildungsakteure mit ihren je eigenen Interessen zu identifizieren, die das Lernen an anderen Orten vorantreiben wollen. Im Großen und Ganzen lässt sich sagen, dass trotz zunehmender Mobilität sowie Globalisierung und notwendigen globalen Lernens die einzelnen Bundesländer, Stadtstaaten, Städte und Gemeinden ihre eigenen landes- und lokalpolitischen Ziele verfolgen: Heranwachsende sollen mit den Gegebenheiten ihrer Region vertraut gemacht werden. Sie sollen heimatkundliches Wissen erwerben und die gesellschaftliche, ökologische, kulturelle sowie wirtschaftliche Vielfalt ihrer weiteren und näheren Umgebung kennenlernen. Kinder und Jugendliche sollen ihren lebensweltlichen Nahraum als lebenswert empfinden und ihm eine hohe Lebensqualität zusprechen. Darüber hinaus soll Verbundenheit sowie Zugehörigkeit zum Land, zur Region, zum Landstrich etc. herbeigeführt werden – als Motor für gesellschaftliche Partizipation, z. B. für zivilgesellschaftliches Engagement.

Landes- und lokalpolitische Ziele außerschulischen Lernens

1.3 Außerschulische Lernorte – aus guten schulischen Gründen!

Lernen an außerschulischen Orten kann den Erwartungen an eine zeitgemäße Schule entsprechen und auf bildungstheoretische sowie schulpädagogische Fragen und gesellschaftliche Erfordernisse reagieren. Die einschlägigen Beiträge und Untersuchungen nennen im Großen und Ganzen die folgenden Gründe für die Integration außerschulischen Lernens sowie außerschulischer Lernorte (ASL) in den Schulalltag:

- Die gegenwärtige Gesellschaft ist durch eine zunehmende Mediatisierung und Digitalisierung geprägt. Zahlen, Daten, Fakten, Informationen, Wissen sowie kommunikativer Austausch zur Erschließung von

Welt und Wirklichkeit werden über die unterschiedlichsten medialen und digitalen Kanäle gewonnen. Die Digitalisierung im Bildungsbereich ist zweifellos ein unhintergehbares Erfordernis. Um eine unmittelbare Beziehung zur Welt sowie eine unmittelbare Begegnung mit der Welt aufzubauen, sind Kinder und Jugendliche aber ebenso an ein ganzheitliches, mit allen Sinnen erfahrbares, handlungsorientiertes Lernen heranzuführen. ASL haben dementsprechend das Potenzial, um originale Begegnungen und unmittelbare, persönliche Erlebnisse zu ermöglichen. Das „Be-greifen" im wörtlichen und übertragenen Sinne hat hier seinen Ort. Vorfindliche Dinge, Phänomene und Gegebenheiten lassen abstrakte, komplexe Wirklichkeitszusammenhänge „durch-schaubarer" werden. Neue Einsichten und Erkenntnisse verorten sich so in der Alltagswelt der Lernenden.

- Vor Jahren machte die kurze Anekdote die Runde, dass Kinder in der Schule gebeten wurden, eine Kuh zu beschreiben, und einige von ihnen die aus der Werbung bekannte lila-weiße Milka-Kuh zeichneten. Über den Wahrheitsgehalt dieser Geschichte vermag ich nicht zu entscheiden. Sie führt aber beispielhaft vor Augen, dass Kinder und Jugendliche immer seltener Primärerfahrungen wie z. B. Naturerfahrungen in den Unterricht einbringen können, die zur inhaltlichen Erschließung schulischer Themen genutzt werden können. Sinnliche Wahrnehmungen der Wirklichkeit, wie sich beispielsweise nasse Blätter im Wald anfühlen, frisches Brot duftet, sich unterschiedliche Steine und Erden voneinander unterscheiden, sich Wasser seinen Lauf in einem Bach oder Fluss bahnt, können durch Erkundungen entsprechender ASL befördert werden.
- Gemäß ihres Bildungs- und Erziehungsauftrags hat die Schule Kinder und Jugendliche grundsätzlich zur Anbahnung, Entwicklung und zum Erwerb grundlegender Kompetenzen allgemeiner Bildung zu befähigen. Dabei hat sie sich an den Bildungsstandards und Kompetenzmodellen der jeweiligen Schulformen, Schulstufen sowie Unterrichtsfächer in den einzelnen Bundesländern zu orientieren. Die Anbahnung und Förderung allgemeiner Grundkompetenzen liegt in der gemeinsamen Verantwortung aller Unterrichtsfächer gleichermaßen. Dazu zählen neben den je eigenen fachspezifischen Kompetenzen der Unterrichtsfächer die fächerübergreifenden Kompetenzen wie Selbst-, Sozial- und Methodenkompetenz. Das Lernen an ASL unterstützt dieses bildungstheoretische und schulpädagogische Anliegen. Denn auch (fach-)didaktisch sind ASL für eine kompetenzorientierte Planung und Durchführung von Unter-

richt anschlussfähig. Sie tragen zur fachspezifischen, aber auch fächerübergreifenden Kompetenzförderung der Schüler bei.

- Im Rahmen der Qualitätsentwicklung von Schule und Unterricht wird ein Fachgrenzen überschreitendes Netzwerk *Unterricht* zu etablieren sein, im Zuge dessen die fächerübergreifende und fächerverbindende Kooperation der Unterrichtsfächer voranzubringen sowie der interdisziplinäre Dialog der Fachdidaktiken auszubauen sein wird. Jedes Unterrichtsfach öffnet sich den anderen Fächern und tritt für größtmögliche Kommunikation und Transparenz ein. Es verortet sich im Kreis der anderen Schulfächer, wird vergleichbar und entgeht dem Vorwurf insularer Abgeschiedenheit. Erkundungen von ASL sind fast nie explizit auf ein Unterrichtsfach beschränkt. Sie eröffnen grundsätzlich vielfältige, fächerübergreifende Lernwege und haben somit ein implizites Lernpotenzial, das den reinen Fachunterricht überschreitet.

1.4 Außerschulische Lernorte – aus guten didaktischen Gründen!

Lernen an außerschulischen Orten kann den Ansprüchen einer zeitgemäßen Didaktik genügen.

- Schulalltag ist von Pluralität und Heterogenität bestimmt. Eine Didaktik der außerschulischen Lernorte (ASL) kann konstruktiv damit umgehen. Sie entfaltet ihre Potenziale für Lerngruppen sehr unterschiedlicher Zusammensetzung und Prägung, indem der Lernort prinzipiell differenziert und differenzierend erschlossen werden kann.
- Eine Didaktik der ASL lässt sich mit *offeneren Lernzielen* verbinden und blickt stärker auf den Bildungs- und Lernprozess. Aufgrund seiner Originalität lässt sich der ASL nur bedingt vorzeitig didaktisch in Anspruch nehmen. Was er an Lernen zu initiieren vermag, will er den Schülern überlassen. Die somit veranschlagten offeneren Lernziele gewichten stärker das erfahrungsbezogene und handlungsorientierte Lernen und haben dadurch weit mehr die Selbst-, Sozial- und Methodenkompetenz der Lerngruppen im Blick. Offene Aufgabenstellungen fördern zudem kreative und selbstbestimmte Lernwege. Der Lernort ist der Antrieb für Lernimpulse, die sich *by the way* einstellen, und Initiator des Zusammenspiels von subjektiver Wahrnehmung und Zugängen der Schüler und der vom Lernort ausgehenden Eigendynamik.
- Eine Didaktik der ASL sucht nach traditions- und gegenwartsbezogenen sowie zukunftsorientierten (Lern-)Wegen, Kinder und Jugendliche in das Leben und die Welt einzuführen, d. h. sie an die unterschiedlichen

und vielfältigen Modi der Welt(-begegnung) und Lebensformen sowie ihrer spezifischen Sprache heranzuführen. Beispielsweise können an Lernorten der religiösen Welt (z. B. Moschee, Synagoge, Kirche) vergangene und gegenwärtige Ausdrucksformen sowie Modi der Religions- und Glaubenspraxis erschlossen werden. Wer sich an diese Orte begibt, wird die objektive Seite von Religionen wahrnehmen und verstehen lernen, aber ebenso die subjektive Seite, mit der Menschen in Geschichte und Gegenwart, als Gruppe oder einzeln, ihrer Religiosität eine sichtbare Gestalt geben. Des Weiteren können beispielsweise auch Erinnerungsorte aufgesucht werden. Deren Aura und Eindrücklichkeit liegen in der Spannung von unmittelbarer Erfahrung der Vergangenheit und bleibender Ferne und Fremdheit, von Nähe und Distanz. Im Rahmen dessen sind Exkursionen zu Gedenkstätten von prominenter Bedeutung. Dabei ist nach gebührenden Formen des Gedenkens zu suchen, um einerseits der Gefahr einer kulturellen Amnesie bzw. Schlussstrich-Mentalität zu entgehen, andererseits das Unrecht und Leid unzähliger Menschen in ihren Geschichten wachzuhalten (vgl. Schiefer Ferrari 2008, 312).

ASL als unverzichtbarer Bestandteil schulischer Bildung

Die in gebotener Kürze und aller Vorläufigkeit schlaglichtartig zusammengetragenen Gründe für außerschulisches Lernen sowie ASL werden in den nächsten Kapiteln weiter zu entfalten sein. Sie geben hier aber schon zu erkennen, dass der Diskurs um ASL auf allen bildungsbezogenen Ebenen nicht mehr wegzudenken ist, sondern im Gegenteil seine jetzt schon prominente Rolle weiter ausbauen wird. Der vorliegende Band nimmt daher die momentan zu verzeichnende Popularität von ASL mehrperspektivisch in Augenschein und integriert dabei sowohl theoretische als auch praktische Positionen zum Thema.

Impulse zur Selbstreflexion und zum kollegialen Austausch

1. Fassen Sie Ihre eigenen Eindrücke und Erfahrungen mit Lernort-Erkundungen zusammen und tauschen Sie sich darüber aus.
2. Werten Sie diese aus und versuchen Sie, Unterstützungshilfen für Lernort-Erkundungen zu konkretisieren.

Literatur

Schiefer Ferrari, Markus ([2]2008): Exkursionen gestalten. In: Rendle, Ludwig ([2]2008) (Hrsg.): Ganzheitliche Methoden im Religionsunterricht. München, 309–319

Schiller, Friedrich (1879): An die Freunde. Cotta'sche Verlagsbuchhandlung, Stuttgart

2 Ursprung, Begriff und Vielfalt

In diesem Kapitel erwartet Sie zum Thema
- ein traditionsgeschichtlicher Merkposten,
- eine knappe Orientierung im Begriffs-Dschungel,
- ein Überblick über Alleinstellungsmerkmale und Gütekriterien sowie
- eine Auswahl didaktischer Erschließungswege.

2.1 Außerschulischer Lernort – Traditionslinien

Außerschulisches Lernen ist eine zeitweilige Alternative zum Lernort Klassenraum. Das Lernen außerhalb der Schule blickt auf eine lange pädagogische und didaktische Tradition zurück. Die Idee dieses didaktischen Anliegens ist schon in der Großen Unterrichtslehre des JAN AMOS COMENIUS von 1632 grundgelegt. Er schreibt:

„Die Menschen müssen angeleitet werden, so weit, als es nur irgend möglich ist, nicht aus den Büchern klug zu werden, sondern aus Himmel und Erde, aus Eichen und Buchen, d.h. sie müssen die Dinge selbst kennen lernen und untersuchen, nicht aber einzig und allein fremde Beobachtungen und Zeugnisse über die Dinge." (COMENIUS, JOHANN AMOS (1876), aus dem Lateinischen von Dr. Gustav Adolf Lindner, Verlag A. Bichler's Witwe und Sohn, Wien)

Fortan fiel diese Einsicht immer wieder auf fruchtbaren Boden. In der didaktischen Tradition werden seit der Aufklärung außerschulische Lernorte (ASL) neben dem Lernort Schule beachtet. In diesem Kontext entwickelten sich im Heimatkundeunterricht des frühen 19. Jahrhunderts die Arbeitsformen *Unterrichtsgang* und *Objekterkundung.* Diese ermöglichten Formen der Realbegegnung und die unmittelbare Auseinandersetzung mit den Gegenständen der realen Umwelt. Auch die Reformpädagogen des 20. Jahrhunderts wie etwa John Dewey, Hermann Lietz oder Celestin Freinet sowie Vertreter der geisteswissenschaftlichen Pädagogik wie etwa Heinrich Roth integrierten das außerschulische Lernen in ihre eigenen Ansätze, Unterricht, Schule und Lernen neu zu denken. So schafften sie wirksame Gegenkonzepte zur Lern- und Buchschule. Pädagogischer und didaktischer Kern der ASL ist die originale Begegnung der Lernenden mit der Sache oder Phänomenen.

2.2 Begriffsannäherungen

Wer sich daran begibt, den Begriff *außerschulischer Lernort* (ASL) zu klären, wird schnell merken, dass er im Trüben fischt und auf Bedeutungen stößt, mit denen er nicht unbedingt gerechnet hat. Aufgrund der gesellschaftlichen Zeitläufte gelangt der Begriff zu Beginn der 1970er-Jahre auf die bildungspolitische Agenda. 1974 verortet der Deutsche Bildungsrat den Lernort im Kontext des öffentlichen Bildungswesens und benennt ihn als eine

„[…] anerkannte Einrichtung […], die Lernangebote organisiert. […] Es handelt sich aber nicht allein um räumlich verschiedene, sondern in ihrer pädagogischen Funktion unterscheidbare Orte." (Deutscher Bildungsrat (Hrsg.) (1974): Empfehlungen der Bildungskommission zur Neuordnung der Sekundarstufe II. Konzept für eine Verbindung von allgemeinem und beruflichem Lernen. Stuttgart: Klett Verlag)

So fungieren die Schule, die Lehrwerkstatt, der Betrieb und das Studio als Lernorte. Diese vier Orte wurden später als *primäre Lernorte* bezeichnet, weil eben das Lernen ihr primäres Ziel ist. Im Gegensatz dazu stehen *sekundäre Lernorte,* die „nebenbei" zu Lernzwecken genutzt werden. Diese seinerzeitige Ausrichtung auf das spätere Berufsleben greift natürlich zu kurz. Damit ist die Bedeutung von ASL bei weitem nicht erschöpft. Jürgens hat 1993 umfänglicher vier außerschulische Lernortebereiche benannt und so eine Einteilung in Kategorien vorgenommen, die nach wie vor als Orientierung hilfreich ist:

„1. Die Natur bzw. die ‚natürlichen' und gestalteten Lebensräume (Wald, Watt, Moor, Parklandschaft, Neubaugebiet, etc.);
2. Die Arbeitswelt und ihre Produktionsverhältnisse bzw. Dienstleistungen (Molkerei, Tischlerei, Feuerwehr, Post, Bank, Bahn, Verwaltung, etc.);
3. Die Kulturwelt und ihre Funktionen (Museum, Theater, Bibliothek, etc.);
4. Die menschliche Beziehungswelt (SOS-Kinderdorf, Kirche, soziale Einrichtungen, etc.)." (Jürgens, Eiko (1993): Außerschulische Lernorte. Erfahrungs- und handlungsorientiertes Lernen außerhalb der Schule. In: Grundschulmagazin, Heft 7/8, S. 5)

Aus heutiger Sicht wären meines Erachtens die außerschulischen Lernortbereiche *Wissenschaft* sowie *virtuelle Orte* zusätzlich eigens zu nennen.
Eine erste Arbeitsdefinition kann daher lauten: *Lernort* ist ein Ort, der

ASL allerorten!

zu den vorgegebenen Lehr- und Bildungsplänen der Schule anschlussfähig ist, weil an ihm als Originalschauplatz Themen und Inhalte des Unterrichts bzw. der Unterrichtsfächer direkt wahrgenommen, erlebt und erforscht werden können. Folgerichtig ist fast jeder Ort aufgrund seines fast unerschöpflichen Potenzials zum Lernen und Erkunden geeignet. Deshalb sind für Schule und Unterricht einige Grundsätze zu berücksichtigen:

1. Die Struktur des Lernortes hat das „Mitbestimmungsrecht" darüber, was und wie am jeweiligen Ort gelernt wird. Ein Beispiel: Ein Bahnhof ist laut. Es herrscht ein hektisches Treiben. Oft kann man sein eigenes Wort kaum verstehen. Ein meditatives Verweilen als methodischer Zugang zum Lernort wäre hier gründlich fehl am Platz.
2. Die Zielsetzungen, die jedem Unterricht zugrunde liegen, entscheiden mit über die jeweilige Auswahl des Lernortes. Wer Schülern eine Begegnung mit der Natur ermöglichen will, wird einen Park oder Wald aufsuchen lassen, aber keineswegs ein Einkaufscenter.

Was zeichnet ASL aus

Bis vor ungefähr zehn Jahren ist die didaktische Grundlagenliteratur eher zögerlich mit dem Begriff *außerschulischer Lernort* umgegangen. Eine Begriffsklärung sucht man wohl deshalb vergeblich, weil die Komposita *Lernen* und *Ort* pädagogische Grundvokabeln sind, mit deren Hilfe sich der Begriff *Lernort* quasi selbst erschließt. Die aktuell vorzufindende Begriffsvielfalt mit damit verbundener Unübersichtlichkeit provoziert das Nachdenken über „Alleinstellungsmerkmale" von ASL:

- Für eine zeitlich begrenzte Zeit verlassen Schüler ihr Klassenzimmer und das Schulgelände.
- Der Unterricht findet an externen Orten statt, bleibt aber Unterricht bzw. Schule. Mithin sind die ASL vor allem schulisch bedeutsam, und der Fokus auf das schulisch intendierte Lernen ist prioritär (vgl. PECH 2008, in PLEITNER 2012, 290). Gleichwohl gilt: Schule trifft auf Lebenswelt im Original. Meistens werden Lernorte „vor der Haustür der Schule", d. h. Orte in der Region, in der unmittelbaren Umgebung der Schule mit ihren kulturellen, religiösen und sozialen Besonderheiten, Orte der Natur, spirituelle Orte, Gedächtnis- und Erinnerungsorte aufgesucht. Damit gerät auch die regionale Anbindung des Unterrichts schärfer in den Blick.
- Der Ort ermöglicht eine *originale Begegnung*, die direkte Begegnung der Schüler mit einem konkreten Ort, mit Menschen, Ereignissen, die exemplarisch die Natur, Kultur, Gesellschaft, Religion, Politik, Wissenschaft oder Wirtschaft repräsentieren. In dieser Zusammensetzung erschließt sich unmittelbar der Bildungsauftrag der Schule, Kindern und Jugendli-

chen die „Galerie des Lebens“ in ihrem unerschöpflichen Reichtum aufzuschließen und die Möglichkeiten und Grenzen des Menschseins sowie des Sagbaren zu vergegenwärtigen.
- Die direkte Begegnung der Schüler mit einem konkreten Ort initiiert Lernerfahrungen eigener Art, die mit den Attributen *ursprünglich, echt, authentisch, direkt, be-greiflich, be-fremdlich, spontan, lebendig, persönlich, intensiv, erfahrungsorientiert* oder *realitätsnah* trefflich beschrieben sind. Schule als systematisierter und analytischer Lernraum kann diese Erfahrungen in dieser Fülle nicht bieten. Das Lernen an Orten außerhalb der Schule befördert ein Surplus an handlungsorientiertem Lernen und erweitert das Selbsttätigkeitsfeld der Schüler. Eine größere Realitätsnähe, kreative Eigentätigkeit, prozessorientiertes sowie ganzheitliches Lernen, eine ungeahnte Methodenvielfalt sowie die Förderung sozialer und kommunikativer Kompetenzen kommen als weitere Vorzüge eines Lernortwechsels dazu.

In seiner Darstellung von Lernorten außerhalb des Klassenzimmers geht DRESCHER noch am intensivsten auf den Begriff *Lernort* ein. Dabei verknüpft er ihn mit wichtigen Unterrichtsprinzipien. Er kontrastiert den lehrerzentrierten, schulraumbezogenen Unterricht, in dem Sachverhalte, Themen und Inhalte passiv angeeignet werden, mit dem Lernen am ASL, der die aktive Auseinandersetzung mit Dingen, Prozessen, Problemstellungen ermöglicht. Alle vom Klassenzimmer aus vorgestellten ASL sind Bilder unserer gespeicherten subjektiven Erfahrungen und Erlebnisse, Erkenntnisse und Fähigkeiten. Das Lernen am ASL hingegen ist erlebnisbezogen, fächerübergreifend und komplex, zielbezogen, projektorientiert und motiviert zur selbstständigen Methodenwahl (vgl. DRESCHER 1997, 410ff.).

„Markenzeichen“ und „Gütesiegel“ von ASL

Das „Markenzeichen“ bzw. „Gütesiegel“ von ASL ist die Ermöglichung vielfältiger Lernwege der Auseinandersetzung mit einem Lerngegenstand. Der Lerngegenstand wird authentisch erlebt, mit allen Sinnen wahrgenommen und mit „Kopf, Herz und Hand“ *be-greifbar* und *an-schaulich*. PLEITNER beschreibt eindrücklich die Vorteile dieses Zugangs anhand konkreter Orte mit den entsprechenden Handlungsoptionen, die sie für die Lernenden bereithalten: Ein repräsentatives Gebäude will von innen und außen begangen, ein Burgberg erklommen, ein ehemaliges Schlachtfeld auf „tote Winkel“ überprüft werden. Eine alte Moorkate, von Feuchtigkeit, Schimmel und Dunkelheit durchzogen, kann anschaulich zu verstehen geben, warum die Ansiedlung von Industrie sowie die Bereitstellung von Infrastruktur in Moorlandschaften unmöglich waren (vgl. PLEITNER 2012, 294). So hinterlässt der Lernort stärkere Eindrücke und ermöglicht nachhaltiges Wissen.

„Wenn es am Lernort knistert“, können sich Lernsituationen einstellen, die Fremdheit überwinden, positive Resonanz bewirken und Schüler be-rühren, affizieren, be-wegen. Mehr dazu später. Der ASL verortet sich zudem stärker in den Lebenswelten sowie nahen Lebensräumen der Schüler. Gleichwohl kann die Komplexität des ASL auch vom Wesentlichen ablenken.

Daher lässt sich als eine erste Zwischenbilanz resümieren: Indem ASL die Schüler mit Fremdheit konfrontieren, Anschaulichkeit vergegenwärtigen, sinnliche Erfahrbarkeit ermöglichen, Vergangenes und nicht mehr Präsentes dokumentieren, haben sie das Potenzial, Lernchancen zu eröffnen, die über das Lernen in der Schule hinausgehen. Die selbstständige Erkundung und Erforschung des ASL bedarf allerdings der sorgfältigen Vorbereitung und Nachbereitung, um der oberflächlichen Inblicknahme entgegenzuwirken. Außerschulisches Lernen ist keine kopflose Erkundungsaktivität, sondern systematisiertes und kritisches Lernen, das mehrdimensionale Zugänge zu neuen Informationswelten und Begegnungen mit Menschen außerhalb von Schule ermöglicht (vgl. KARPA/LÜBBECKE/ADAM 2015, 23).

2.3 Außerschulischer Lernort – Zugänge und didaktische Absichten

Gemäß seinem lateinischen Ursprung ist der Ort (lat.: locus) ein lokalisierbarer Platz oder eine Stelle. Grundsätzlich gilt für ihn: Fast jeder Ort ist zum Wahrnehmen, Erkunden und Lernen bzw. Erschließen geeignet, da jeder Ort den rezipierenden und forschenden Blick auf die vorfindlichen Phänomene ermöglicht und schärft. Ungeachtet vorliegender Systematisierungen außerschulischer Lernorte (ASL) (vgl. BAAR/SCHÖNKNECHT 2018) können unterschiedliche didaktische Erschließungswege in der Begegnung mit dem Lernort eingeschlagen werden:

Wie können ASL didaktisch erschlossen werden

1. Orte können von ihrer bloßen Wahrnehmung her Lern- und Bildungsprozesse initiieren und so für allgemeine Bildung offen sein. In seiner Unmittelbarkeit und Ursprünglichkeit wird der Lernort selbst von den Schülern in Augenschein genommen. Andernorts habe ich ihn mit einem unbearbeiteten, unberührbaren oder wilden Gelände verglichen, das sich die Lernenden durch erstes Abschreiten und Vermessen in kleinen Schritten „kultivieren“. Dieses didaktische Vorgehen lebt von der eindrücklichen Vielfalt, mit der die einzelnen Betrachter den Ort wahrnehmen. Es zählen die subjektiven Eindrücke, Sichtweisen und Perspektiven der Schüler. Diese korrespondieren mit der Eigenheit bzw. Spezifik des jeweiligen Lernorts. Die vorgängigen Erfahrungen der Lernenden be-

stimmen deren eigene Lernwege mit und beeinflussen die verschiedensten Blick- und Aufmerksamkeitsrichtungen. Demzufolge werden sich der Sinn und die Bedeutung, die Kinder und Jugendliche den jeweiligen Orten geben bzw. einräumen, erst bei der jeweiligen Erkundung und Erschließung selbst herausstellen. Im Vorhinein einen „fertigen Sinn" in den Ort hineinzulegen, ist bei diesem didaktischen Vorgehen fehl am Platz.

2. ASL werden didaktisch aufbereitet und stoßen so das Lernen an. Sie sind in Richtung auf ein Bildungsgeschehen aufzuschließen. Der Lernort ist vorgängig zielgerichtet ausgewählt worden. An ihm sollen bestimmte Fragen, Inhalte oder Probleme wahrgenommen und bearbeitet werden. Hier ist eine gute Vorbereitung unumgänglich. Untersuchungen legen die Vermutung nahe, dass ein solcher Lernweg wegen der aktiven Selbstaneignung durch handlungsorientiertes Lernen ein intensives Erleben und ein nachhaltiges Lernen befördern. Der gezielte Einsatz von Lehr- und Lernmaterialien steigert die Selbsttätigkeit und Selbstständigkeit der Kinder und Jugendlichen.
3. Eine didaktische Mischform beider Erschließungswege geht davon aus, dass sich formelles und informelles Lernen ergänzen. Hier zeigen sich ein weiteres Mal die Vorzüge eines ASL. Für ihn gilt nämlich beides: Er ist Medium eines vorgängig geplanten und systematisierten Lernens. Zugleich ist er aber auch Movens für Lernimpulse, die sich nebenher und eher zufällig einstellen, z. B. überraschende Einfälle oder Fragestellungen. Diese kontingenten Lernanlässe und -impulse sind mithin keineswegs nebensächlich. Sie sind bedeutsam, weil sie nämlich das Produkt des Zusammenspiels von subjektiver Wahrnehmung und Zugangsweisen der Schüler und der vom Lernort ausgehenden Eigendynamik sind (vgl. SCHULTE 2013, 16ff.).
4. Im Didacta Verband der Bildungswirtschaft haben sich etliche ASL zusammengeschlossen. Sie verfolgen das Ziel, die Zusammenarbeit mit Schulen und Kultusministerien zu vertiefen. Sie sprechen sich dezidiert für eine deutlich erkennbare, weil messbare Qualität von ASL aus. Demzufolge erarbeiten sie gemeinsame Kriterien für das Lehren und Lernen an ASL, denen sie sich verpflichtet fühlen und denen sie zu genügen haben. Deshalb pflegen sie einen intensiven Austausch, beispielsweise über die Gestaltung von qualitativ hochwertigen Lehr- und Lernangeboten und die Optimierung von Arbeitsabläufen. Sie treten für eine stärkere Wahrnehmung ihrer Bildungsfunktion in der Öffentlichkeit und bei der Politik ein und verstehen sich als Orte mit einem *expliziten Bildungsauf-*

trag (Museen, Gedenkstätten, Freilandlabore, Science Center). Der ASL qualifiziert sich durch seine bildende Kraft bzw. Funktion. Er ist ein professionell didaktisch und methodisch aufbereiteter Ort.

Der eigens erstellte Leitfaden spiegelt die hohen Maßstäbe wider, die der Zusammenschluss an seine Arbeit anlegt und versteht sich als (Qualitäts-) Kriterienkatalog für ASL. Diese haben sich vor allem an den dort zu erwerbenden Kompetenzen zu orientieren. Die im Verband zusammengeschlossenen ASL halten Angebote aus den Bereichen Natur, Technik, Gesellschaft, Geschichte, Sport und Kultur vor. Sie beanspruchen, gut in den Unterricht integriert werden zu können und Fach- und Lehrkräfte bei ihrer täglichen Arbeit zu unterstützen. Deshalb orientieren sie sich an den zentralen Fragen der Lehrkräfte nach der Aufbereitung der Lerninhalte, deren Vermittlung sowie Integration in den Lehrplan. Dabei stehen die anschauliche Gestaltung sowie die pädagogische Bearbeitung von fachlichen Inhalten im Vordergrund. Die Kriterien sollen zum einen die Qualität der ASL sichern und ständig verbessern, zum anderen können Lehrkräfte etc. deren Nutzen deutlich benennen.

Impulse zur Selbstreflexion und zum kollegialen Austausch

1. Vergewissern Sie sich über die Erträge, die Sie mit Ihrer Lerngruppe aus Lernort-Erkundungen gewinnen, und vergleichen Sie diese mit den Einsichten Ihrer Kollegen.
2. Diskutieren Sie, ob Sie unter Berücksichtigung notwendiger Bedingungsfaktoren über die Fachgrenzen hinaus mit Ihren Kollegen einen gemeinsamen (evtl. jahrgangsspezifischen) didaktischen Erschließungsweg konzipieren können.

Literatur

Baar, Robert / Schönknecht, Gudrun (2018): Außerschulische Lernorte: didaktische und methodische Grundlagen. Weinheim/Basel

Comenius, Johann Amos (1876), aus dem Lateinischen von Dr. Gustav Adolf Lindner, Verlag A. Bichler's Witwe und Sohn, Wien

Deutscher Bildungsrat (Hrsg.) (1974): Empfehlungen der Bildungskommission zur Neuordnung der Sekundarstufe II. Konzept für eine Verbindung von allgemeinem und beruflichem Lernen. Stuttgart: Klett Verlag

Drescher, Reinhold (1997): Didaktik. Sinnmitte unterrichtlichen Handelns. Grundlegung, Unterrichtsprinzipien, Handlungsempfehlungen. Ansbach

JÜRGENS, EIKO (1993): Außerschulische Lernorte. Erfahrungs- und handlungsorientiertes Lernen außerhalb der Schule. In: Grundschulmagazin, 7/8, S. 5

KARPA, DIETRICH / LÜBBECKE, GWENDOLIN / ADAM, BASTIAN (2015): Außerschulische Lernorte – Theoretische Grundlagen und praktische Beispiele. In: KARPA, DIETRICH / LÜBBECKE, GWENDOLIN / ADAM, BASTIAN (Hrsg.) (2015): Außerschulische Lernorte. Theorie, Praxis und Erforschung außerschulischer Lerngelegenheiten. Immenhausen bei Kassel, 11–27

PLEITNER, BERIT (2012): Außerschulische historische Lernorte. In: BARRICELLI, MICHELE / LÜCKE, MARTIN (Hrsg.) (2012): Handbuch Praxis des Geschichtsunterrichts. Bd. 2. Schwalbach/Ts., 290–307

SCHULTE, ANDREA (2013): Jeder Ort – überall! Didaktik außerschulischer religiöser Lernorte. Stuttgart

3 Schlüsselbegriffe einer Didaktik außerschulischer Lernorte

In diesem Kapitel erwartet Sie zum Thema
- ein differenziertes Angebot neuer Blickrichtungen,
- ein *Surplus* an begrifflichen Kennzeichen sowie
- eine didaktische Übersetzung der vorgestellten Schlüsselbegriffe.

Jeder didaktische Ansatz hat eine ganz eigene Programmatik, die ihn deutlich von anderen Ansätzen unterscheidet. Schlüsselbegriffe tragen dazu bei, seine charakteristische Eigenart zu identifizieren und demzufolge seine Vorzüge, aber auch Nachteile oder Engführungen zu markieren.

3.1 Heterotopie – ein anderer Blick auf Orte

Ein außerschulischer Lernort (ASL) führt uns vor Augen, dass im Rahmen von Unterricht und Schule konkrete, reale Orte aufgesucht werden: die Fabrik, das Krankenhaus, die Bank, das Theater, die Gedenkstätte, die Abwasserbehandlungsanlage, das Museum, der Windpark, die Kirche, der Markt, der Wald, die Moschee, das Forschungszentrum, die Synagoge etc. Diese Orte repräsentieren exemplarisch die Natur, Kultur, Gesellschaft, Religion, Politik, Wissenschaft oder Wirtschaft und sind Ausdruck unserer (Lebens-) Welten, wie sie sich uns historisch gewachsen und zeitgeschichtlich lebendig zeigen und erschließen. Der französische Philosoph Michel Foucault lenkt mit seinen Betrachtungen zu Orten und Räumen die Aufmerksamkeit in eine erweiterte, weil anthropologisch orientierte Richtung. Er führt aus:

> *„Wir leben in Räumen und an Orten. Unter all diesen verschiedenen Orten gibt es nun solche, die vollkommen anders sind als die übrigen. Orte, die sich allen anderen widersetzen und sie in gewisser Weise sogar auslöschen, ersetzen, neutralisieren oder reinigen sollen. Es sind gleichsam Gegenräume." (Foucault, Michel (2013): Die Heterotopien. Der utopische Körper. Zwei Radiovorträge. Aus dem Französischen von Michael Bischoff. Berlin: Suhrkamp Verlag, 10)*

In den Augen des Philosophen können Orte folglich auch zu Heterotopien werden. Für Foucault sind es reale Orte jenseits aller Orte, gleichsam *lokalisierte Utopien,* die zum anthropologischen Grundbestand aller Menschen gehören. Es sind vollkommen andere Räume, die alle anderen Räume in Frage stellen. Foucault nennt Beispiele: Schiffe sind das größte Reservoir für die Fantasie. Friedhöfe sind Orte einer Zeit, die nicht mehr fließt. Museen und Bibliotheken sind Heterotopien der Zeit, weil sie Dinge bis ins Unendliche ansammeln. Theater, Kino, Kirmes und Jahrmarkt sind zeitweilige Heterotopien, denn im Modus des Fests sind sie mit der Zeit verbunden. Schulen, Kasernen und Gefängnisse sind Heterotopien des Übergangs und der Verwandlung. In Gärten gelangt die ganze Welt zu symbolischer Vollkommenheit.

Der von FOUCAULT geprägte Begriff der Heterotopie ist ein klassischer Raumbegriff. Im Gegensatz zu eigentlichen Utopien versteht FOUCAULT die Heterotopien als wirkliche und wirksame Orte, die zugleich aber auch jenseits der realen Wirklichkeit liegen – ein erkenntnisreiches Paradox! Er beschreibt sie als

> *„Gegenorte […], tatsächlich verwirklichte Utopien, in denen die realen Orte, all die anderen realen Orte, die man in der Kultur finden kann, zugleich repräsentiert, in Frage gestellt und ins Gegenteil verkehrt werden. Es sind gleichsam Orte, die außerhalb aller Orte liegen, obwohl sie sich durchaus lokalisieren lassen." (FOUCAULT, MICHEL (2001): Schriften in vier Bänden. Band 4: 1980–1988. Hrsg. von Daniel Defert und François Ewald. Aus dem Französischen von Michael Bischoff, Hans-Dieter Gondek, Hermann Kocyba und Jürgen Schröder. Frankfurt/M.: Suhrkamp Verlag, 935)*

Heterotopien im schulischen Kontext

Diese philosophische Sicht auf Orte als Heterotopien lässt im bildungstheoretischen und pädagogischen Kontext einen impliziten Bildungsauftrag in Erscheinung treten. Es gehört zum Bildungsauftrag von Schule, die anthropologische und gesellschaftliche Dimension von Utopien als Zukunftsentwürfe der Welt aufzuzeigen, an deren Verwirklichung und Gestaltung gemeinschaftlich zu arbeiten ist. Mithin haben die realen Orte, die mit Schülern aufgesucht werden können, das Potenzial, sie als lokalisierte Utopien wahrzunehmen, zu deuten und kritisch zu befragen. Verhandlungstische, die beispielsweise in historischen Rathäusern vorzufinden sind, sind politische Utopien, weil sie Frieden hoffnungsvoll in Aussicht stellen. Mensen, Kantinen und Essenssäle in öffentlichen Einrichtungen sind Heterotopien des sozialen Miteinanders, weil sie die Utopie des gesellschaftlichen Zusammenhalts wachhalten. Auch bei diesem Zugang der Inblicknahme von Orten zeigt sich, dass und wie sehr Orte durch ihre Bedeutungs- und Themenvielfalt auf ein Bildungsgeschehen hin offen sein können. Gerade auch die geistes- und gesellschaftswissenschaftlichen Unterrichtsfächer können aufgrund ihres Selbstverständnisses und Methodenrepertoires mehrperspektivische Zugänge und hermeneutische Lernprozesse initiieren.

Mithin können sich vielerorts immer auch mehrere Fachunterrichte an der Begehung eines Ortes beteiligen und sich kooperierend mit ihren eigenen fachspezifischen Fragen und Perspektiven einbringen. Diese didaktische Horizonterweiterung führt den Schülern vor Augen, dass die Themen und Inhalte, Fragen und Aufgaben des Fachunterrichts zwar primär im Binnenraum dieses Unterrichts zu verhandeln sind und insofern die Fachgebundenheit nicht aufgegeben werden kann, aber im bildenden Fragen nach dem, „was die Welt im Innersten zusammenhält" (J. W. Goethe, Faust I), immer auch ihre Grenzen erfahren.

Die zunehmende Vernetzung von Welt und Umwelt sowie die stetige Zunahme von Wissensströmen bringen es mit sich, dass sich Bildung und Erziehung von einer einseitigen und isolierten Wissensaneignung zu verabschieden und sich für das Zusammenspiel bzw. die Kooperation der Fächer untereinander auszusprechen haben. Die Perspektivenvielfalt der Fächer, in der sich die Galerie des Lebens und der Welt spiegelt, ist ein pädagogischer Zugewinn. Sie verschafft einen pluralen und heterogenen Zugang zur Welt, indem die allen Fächern gemeinsamen Fragen nach dem Verständnis von Mensch, Welt und Leben, nach den Modi der Weltbegegnung, der Weltbeziehung und des Weltverstehens eben durch Lernanlässe an ASL zur Geltung gebracht werden: Die technisch ausgerichteten Fächer akzentuieren die praktische Bewältigung von Leben. In den mathematischen Fächern geht es um die Vermessung der Welt. Die naturwissenschaftlichen Fächer entfalten die verschiedenen und vielfältigen Erscheinungsformen von Leben. Sprachliche und kreative Ausdrucksformen des Menschen und seiner Erfahrungen werden in den linguistischen und künstlerischen Fächern bearbeitet. Die werteorientierten Fächer wie Ethik und Religion kreisen um die moralischen und religiösen Dimensionen des Lebens.

3.2 Ort und Raum – Unterscheidungen

Dass Schüler sich beim Besuch eines außerschulischen Lernorts (ASL) neue (Lern-)Räume erschließen, ist so oder ähnlich eine gängige Formulierung in den Bildungsplänen, Lehrplänen sowie Curricula der Unterrichtsfächer. Auf den ersten Blick ist dieser Verweis auf die Zielvorstellung des außerschulischen Lernens unmittelbar einleuchtend. Das nähere Hinsehen wirft allerdings die Frage auf, wie *Ort* und *Raum* zu unterscheiden bzw. voneinander abzugrenzen sind. Weitere Komposita wie Wohnraum, Lebensraum, Kirchenraum oder Weltraum geben nämlich die Mehrdeutigkeit des Raumbegriffs zu erkennen. Mithin ist Klarheit über das semantische Feld zu gewinnen, in dem *Ort* und *Raum* gleichermaßen beheimatet, aber wohl nicht synonym zu gebrauchen sind.

ASL sind zunächst einmal konkrete, physische Orte. Wenn Schüler nach dem Besuch eines solchen Ortes in die Schule und den Unterricht zurückkehren, erinnern sie sich zwar auch an den besuchten Ort als physischen Raum, an ein wahrnehmbares, dreidimensionales Koordinatensystem. Mehr noch erinnern sie sich aber daran, was sie allein oder mit den Mitschülern getan haben bzw. nicht tun durften, was sie erlebt haben, welchen „ortsansässigen" Menschen sie begegnet sind und was diese ihnen erzählt haben. Die Erinnerungen, die sie mit dem Ort verbinden, werden dann meistens dadurch abgerufen, indem sie in lebendige Geschichten, sprich: Narrative eingebettet sind. Dadurch werden Orte aber erst bedeutsam. Sie werden zu Räumen (vgl. KAUPP 2016, 133). Hier vollzieht sich der Übergang von Ort zu Raum.

Nicht nur die Geographie, Architektur und Kunst diskutieren seit gut zwei Jahrzehnten die Kategorie *Raum* als Leitkategorie des Denkens. Auch die Soziologie, Geschichte, Philosophie und Theologie erkennen den Vollzug zum *spatial turn* an, bearbeiten und reflektieren das Raum-Phänomen. Dabei ist ein konstruktiver Umgang mit der Mehrdeutigkeit des Begriffs geboten, um auf diesem Weg auch die für Bildungs- und Lernprozesse relevanten Implikationen erschließen zu können, wie RAU ausführt:

> *„Raum steht für viele Dinge: von Wohnung bis Weltall; und wenn man zudem die Vorstellung aufgibt, Raum könne nur etwas Dreidimensionales, in der Regel Statisches sein, dann gelangt man zu ganz neuen Dimensionen wie der Virtualität, der Imagination, der Wandelbarkeit." (RAU, SUSANNE (2016): Raum: Theorien und Konzepte – eine Annäherung. In: KAUPP, ANGELA (Hrsg.): Raumkonzepte in der Theologie. Ostfildern: Matthias Grünewald Verlag, 25)*

Dementsprechend ist *Raum* ein Weg, die Welt in ihren natürlichen sowie kulturellen Dimensionen, mithin Gesellschaft und Kultur besser verstehen zu lernen. Der Blick auf Orte als Räume heißt, sich nicht auf konkrete, dreidimensionale Räume zu beschränken, sondern weiterreichende Bedeutungen von Orten (symbolische, transzendente) mitzubedenken. So wichtig es gerade für die MINT-Unterrichtsfächer ist, ASL ganz „gegenständlich" zu erkunden, zu vermessen und physisch-materiell bzw. geometrisch zu betrachten, so bedeutsam ist es gerade auch im Sinne eines ganzheitlichen Lernens, den Ort als einen Raum wahrzunehmen, der von Beobachtern und Standpunkten abhängig ist, in dem Menschen sich bewegen, Eindrücke sammeln, Befindlichkeiten erspüren, etwas tun. Er ist Raum bzw. Region der alltäglichen Arbeits- und Lebenszusammenhänge von Menschen und insofern dynamisch und relational (vgl. ebd. 29f.). Diese erweiterte Sicht auf ASL korrespondiert mit dem kulturhermeneutischen Bildungsauftrag der Schule, Horizonte des Weltverstehens zu eröffnen und an die unterschiedlichen Modi der Weltbegegnung heranzuführen.

Das Fazit: Unser Alltag ist ohne Orte und Räume nicht denkbar. Er ist bestimmt durch einen steten Orts- und Raum-Wechsel, der mit je spezifischen Erfahrungen einhergeht. Während ich diese Zeilen schreibe, sitze ich zu Hause in meinem Arbeitszimmer. Es ist ein freundlicher, warmer Spätsommertag, so dass ich vorhabe, heute Nachmittag einen kurzen Spaziergang durch den nahe gelegenen Park zu machen und anschließend in einem Café ein leckeres Stück Pflaumenkuchen zu essen – Orte mit jeweils unterschiedlichen und unterscheidbaren Raumsituationen (vgl. Kaupp 2016, 127).

Demzufolge ist Menschsein ohne die Dimension des Raums nicht denkbar. Menschliche Lebenswelten bringen mithin ihre je eigenen Räume, sozialen Ordnungen und Raumkonzepte hervor.

Ort und Raum didaktisch differenziert

Die vorgenommene Differenzierung von *Ort* und *Raum* ist in vielerlei Hinsicht didaktisch bedeutsam. Viele ASL werden als Gegenstände, Behälter-Räume in Gebrauch genommen. Sie sollen beschrieben und vermessen werden. Hier geht es um bauliche Fragen, um die Materialität des Raums und seiner Einrichtungen. Darüber hinaus geht es aber auch darum, die sozialen Prozesse der Produktion und Konstitution von Räumen und die daran beteiligten Akteure in den Blick zu nehmen. Was führt beispielsweise dazu, dass sich Schüler den ASL als Räumen verschließen bzw. öffnen? Diese Weitung des Blicks auf ASL korrespondiert mit dem alltagshermeneutischen sowie lebensweltorientierten Bildungsauftrag der Schule und unterstreicht ein weiteres Mal die Notwendigkeit, dass die Unterrichtsfächer miteinander kooperieren und gemeinsam Aktivitäten außerhalb der Schule planen, durchführen und reflektieren.

Darüber hinaus bietet sich das Aufspüren von *Raumprogrammen* der besuchten Orte an, das zu vielfältigen neuen Aufgaben vor Ort führen kann. Ein Museum, Theater, Stadion oder eine Kirche strahlen Atmosphäre aus, die von Schülern sehr unterschiedlich empfunden werden kann. Sowohl Atmosphären als auch Befindlichkeiten, aber auch die Funktionen, die Orte als Räume haben können, und damit verbundene Gestaltungen, lassen sich entdecken und erschließen. Räume senden demnach immer wieder auch Botschaften aus. Wird der Raum vornehmlich zur Kommunikation genutzt oder steht eher seine Rückzugsfunktion im Vordergrund? Sind Möglichkeiten einer vielseitigen Verwendung auszumachen? Über diese Zugänge wird zugleich auch das Verständnis von *Lernort* erweitert. Es zeigt sich: Je nachdem, wie begrifflich eindeutige Orte (z. B. der Marktplatz, das Stadion) von Menschen in Gebrauch genommen werden, werden sie zu Räumen. Indem der Marktplatz für politische Kundgebungen genutzt wird, wird er zu einem politischen Raum. Indem die Kirche für Konzerte genutzt wird, wird sie zu einem Klangraum. Indem das Stadion zum Ort eines Fußballspiels wird, wird es zu einem sportlichen, respektive spielerischen Raum.

Derartige Sichtweisen provozieren allerdings auch die kritische Reflexion auf Schule als Sozialraum. In welchem Raum wollen Schüler lernen (Schulraum, Klassenraum)? Vor dem Hintergrund dessen, dass Kinder und Jugendliche die meiste Zeit ihres Alltags in der Schule verbringen, gerät der häufig formulierte Anspruch der Schule als Lebensraum junger Menschen einmal mehr auf den Prüfstand. Hier ist der Begriff der *RaumBildung* treffend, den ANGELA KAUPP geprägt hat (vgl. KAUPP 2016). Ihr geht es um die Verhältnisbestimmung und die Beziehung von Raum und Bildung. Sie fragt:

1. Wie sollten Räume aussehen, in denen Bildungsprozesse stattfinden?
2. Was tragen Räume selbst zur Bildung bei?

Die Selbstbildung von Menschen durch Räume sowie die Bereitstellung von Räumen für Bildung verweisen auf die bildende Kraft von Räumen (vgl. ebd., 134). Wie die sich rasant entwickelnden virtuellen Räume das Sozial- und Kommunikationsverhalten verändern werden, ist allerdings noch weitgehend offen. KAUPP arbeitet aber die Möglichkeiten virtueller Räume heraus, indem sie beschreibt, dass sie gestatten, „sich gleichzeitig an verschiedenen Orten aufzuhalten und unabhängig davon über mehrere Sinne (Sprache, Schrift, Bild) miteinander zu kommunizieren. Interessanterweise verwendet gerade die Informationstechnologie eine höchst räumliche Sprache wie z. B. Internetzugang, Open Space, Datenautobahn, Speicher." (ebd.)

Dieser Ertrag des *spatial turn,* nämlich Menschen in ihren Raumbezügen verstehen zu lernen, geht einher mit der Entwicklung von Raumkompetenz, die an ASL zu fördern ist. Das Be-greifen der Materialität des Raums und seiner Einrichtung (d. h. seiner dinglichen Konstitution), die Wahrnehmung der Botschaft des Raums, das Lernen des Umgangs mit Atmosphären sowie die Fähigkeit zur atmosphärischen Inszenierung des Raums ohne das Zutun von Hilfsmitteln sind die entsprechenden Kompetenzerwartungen (vgl. ebd. 141 ff.). Ein konkreter physischer Ort wird nämlich erst dadurch bedeutsam, dass Menschen ihn in Gebrauch nehmen, wie auch KAUPP darlegt:

„Menschen lassen Orte zu Räumen werden, an die Erinnerungen gespeichert, Stimmungen gespiegelt oder Verhalten begrenzt wird." (Kaupp, Angela (2016): RaumBildung – der Gewinn eines „spatial turn" für die Praktische Theologie. In: Kaupp, Angela (Hrsg.): Raumkonzepte in der Theologie. Ostfildern: Matthias Grünewald Verlag, 133)

3.3 Resonanz – wenn es am außerschulischen Lernort „knistert"

Der Besuch eines außerschulischen Lernorts (ASL) wird von Schülern sehr unterschiedlich wahrgenommen und empfunden. Bei einigen hinterlässt er einen starken Eindruck, der bei den einen mit dem Wort *cool* ausreichend kommentiert ist oder von den anderen ausführlich und emotional beschrieben wird. Bei manchen hat er aber nichts außer Desinteresse hervorgerufen, das mit einem gleichgültigen Achselzucken und „Ist mir doch egal" zum Ausdruck gebracht wird.

Schüler können von den ihnen gezeigten oder selbst durchgeführten Experimenten in einem Forschungslabor fasziniert sein. Sie können über die beobachteten Sternenkonstellationen in einem Planetarium ins Staunen geraten. Sie können von der Begegnung mit todkranken Kindern in einem Hospiz berührt sein. Ein in ein besonderes Licht getauchter Wald zeigt sich ihnen geheimnisvoll. Die durch Roboter getätigten Vorgänge am Fließband einer Fabrik mögen ihnen außerirdisch vorkommen. Die Stille in einem Kirchenraum vermag sie in eine meditative Stimmung zu versetzen. Wenn Lehrer im Nachgang zur Lernort-Begehung ihren Kollegen erzählen, was sie mit ihren Schülern erlebt haben, so werden das eine oder andere Mal Sätze fallen wie „Schüler X war wie verwandelt. Ich habe ihn gar nicht wiedererkannt" oder „Das Engagement, das Schülerin Y bei der Erledigung der Aufgaben gezeigt hat, hätte ich ihr gar nicht zugetraut" oder „Der Lernort ist bei einem Großteil der Gruppe gut angekommen".

Solche positiven Wirkungen oder Ausstrahlungen, die von dem Lernort ausgehen, sind im Vorfeld nicht planbar und werden auch nicht auf die gesamte Lerngruppe zutreffen. Bei Einzelnen ereignet sich etwas. Sie machen eine besondere Erfahrung, weil nämlich die Eigenart des Lernorts bei ihnen auf einen guten Boden gefallen ist. Der Soziologe Hartmut Rosa spricht in diesem Zusammenhang von einer Resonanzerfahrung, die eigentlich nicht in unser modernes, rationalistisches Weltverständnis passt. Diese einseitige Form kognitiver Welterklärung erklärt alle Dinge jenseits des Menschen für resonanzunfähig (vgl. ROSA/ENDRES 2016, 32). Auch Orte können eine Art von Eigenresonanz haben. Sie sprechen mit einer eigenen Art von Stimme.

ROSA hat unter dem Schlüsselbegriff der Resonanz eine Soziologie der Weltbeziehung entfaltet, die innerhalb kürzester Zeit nicht nur im Wissenschaftsdiskurs umfänglich rezipiert wurde, sondern auch im Alltagsdiskurs eine breite Aufmerksamkeit erlangte. Die Gründe dafür sind wohl darin zu suchen, dass viele die gegenwärtigen gesellschaftlichen, politischen, wirtschaftlichen und kulturellen Zeitläufte mit großem Argwohn betrachten und sich durch ROSAS Analyse der „wahnsinnigen" Wachstums- und Beschleunigungstendenzen in der Gesellschaft sehr angesprochen fühlen. Zwar führen immer schneller werdende Technologien oder beschleunigtes Machen und Tun zu immer mehr eingesparter und wertvoller Zeit. Aber dennoch ist die eingesparte Zeit nicht da. ROSA stellt die Frage, was stimmt nicht im Umgang mit der Zeit bzw. was stimmt nicht im Umgang des Menschen mit sich selbst, seiner Lebensgestaltung sowie seiner Wirklichkeitswahrnehmung? Er leitet ab: „Wenn mit dem Zeitverhältnis etwas nicht stimmt, dann stimmt vermutlich auch mit dem Weltverhältnis etwas nicht." (ebd. 12) Diesen Zusammenhang aufzudecken, war die Initialzündung für ROSAS Untersuchungen zur Resonanz.

Begriffsklärung „Resonanz"

Resonanz ist ein Modus der Weltbeziehung. Indem der Mensch auf etwas trifft, das bei ihm ankommt, von dem er sich berühren bzw. anrühren lässt, von dem er affiziert ist, macht er Resonanzerfahrungen und bringt sich in eine Resonanzbeziehung. Er antwortet durch responsive Reaktion. Mensch und Welt bleiben nicht dieselben, was zu einer wechselseitigen Transformation von Mensch und Welt führt. Ob sich eine solche Resonanzbeziehung einstellt, ist nicht kontrollierbar, planbar oder vorhersagbar. Sie ist unverfügbar.

Mittlerweile liegt der Entwurf einer Resonanzpädagogik vor, in die die grundlegenden Überlegungen über die Resonanz als ein Modus der Weltbeziehung integriert und auf die schulische Bildung hin fokussiert sind. „Unterricht gelingt, wenn es im Klassenzimmer knistert" (ebd. 15) – so ROSAS Perspektive auf Unterricht in resonanzpädagogischer Wendung. Sobald ein Schüler anfängt, für sich mehr aus einem Unterrichtsfach zu machen, erschließt sich ihm beispielsweise in Deutsch, Kunst, Biologie oder Mathematik auf eine eigentümliche Weise ein neuer Ausschnitt der Welt. Der Schüler lässt sich im Ereignis der Anverwandlung berühren, ergreifen oder bewegen. In solchen Situationen vollzieht sich transformative Weltbeziehung, das Einlassen auf eine Resonanzbeziehung.

Für ROSA ist Weltbeziehung sowohl ein Grundbegriff der Resonanztheorie als auch des Bildungsgeschehens überhaupt. Bildungsprozesse haben die Beziehung zwischen den Lernenden und der Welt auf eine positive Weise zu gestalten. Dergestalt kann der jeweilige Unterrichtsstoff („Weltstoff") für die Lernenden zum Sprechen gebracht werden. Mit dem Gelingen dieser Beziehung ist das entscheidende Kriterium für den Bildungserfolg gegeben (vgl. ebd. 127).

Mit dem neuen Begriff der Resonanzpädagogik geht ein Verständnis von Pädagogik einher, das ein Bildungsgeschehen mehrdimensional in den Blick nimmt. Mithin ist auch das Schulgebäude als Raum im Sinne der vorgängigen Ausführungen (s. Kapitel 3.2) bedeutsam.

Wie würden Sie die Schülererfahrungen an ASL beschreiben

Es ist hinlänglich bekannt und beschrieben worden, dass die Erfahrungen, die Schüler außerhalb der Schule an anderen Lernorten machen können, nicht analog zu ihren schulischen Erfahrungen sein werden. Mit ROSAS Begriff der Resonanzerfahrung liegt nun ein mögliches Grundwort zur Bezeichnung dieser Erfahrungen vor. Damit einher geht gleichzeitig eine weitere Deutung, um die Besonderheit bzw. Qualität von ASL zu beschreiben. Außerdem kann auf die besonderen Formen des Lernens verwiesen werden, die sich grundsätzlich von denen des Binnenraums Schule unterscheiden können: das emotionale, affektive und empathische Lernen. Die Einschätzung ROSAS muss man nicht teilen, zumal sie mit sehr idealistischen Vorstellungen von Schule und schulischem Lernen einhergeht. Lehrende der MINT-Fächer werden hier eher Skepsis äußern, weil ihre Fächer in dem für schulische Bildung unverzichtbaren Kontext kognitiver Welterklärung und rationalistischen Weltverständnisses zu sehen sind – nach ROSA Kontexte, die *per se* resonanzunfähig sind. Die Lebensgeschichten großer Naturwissenschaftler zeugen allerdings auch davon, dass sich im Forschungsprozess so etwas wie eine Initialzündung ereignet hat, die ein langwieriges, beharrliches, diszipliniertes „Dranbleiben" am Forschungsgegenstand zur Folge hatte. Von daher gilt auch hier: Nichts ist unmöglich!

Mithin halten ASL als Räume, die Resonanzerfahrungen ermöglichen können, die Option offen, dass Schüler eine veränderte, neue Sicht auf ein Unterrichtsfach einnehmen. Es eröffnen sich ihnen neue fachliche Horizonte und Perspektiven. Es erschließt sich ihnen die bildende Artikulationskraft des Unterrichtsfachs.

3.4 Begegnung – kritisch angefragt!

Außerschulische Lernorte (ASL) ermöglichen originale Begegnungen. Direkte Erfahrungen in der Begegnung mit anderen oder mit Räumen und Gebräuchen anderer Traditionen sollen initiiert werden. So der vielfach und vielerorts beschriebene Anspruch und Mehrwert von ASL.

Der Begriff der *originalen Begegnung* geht auf Heinrich Roth (1906–1983) zurück, einen der prominentesten Vertreter der geisteswissenschaftlichen Pädagogik. Für ihn ist die *originale Begegnung* das methodische Prinzip für den Erfolg des Unterrichts. Lehrer sind demnach didaktisch und methodisch angehalten, ihre Schülerschaft mit dem Alltag, seinen Phänomenen und Gegenständen so zu konfrontieren, dass spontane Neugierde und spannungsreicher Wissenshunger entstehen, die elementar gestillt werden wollen.

Der hohe Stellenwert, der der *originalen Begegnung* im Kontext des außerschulischen Lernens zugeschrieben wird, wird allerdings durch erste empirische Untersuchungen zur Wirksamkeit des außerschulischen Lernens relativiert. Die Ergebnisse sprechen für eine Korrelation von persönlichem Erleben und aktiver Selbstaneignung. Intensives Erleben entfaltet sein Potenzial eher in Kombination mit handlungsorientiertem Lernen. Das heißt, Originalbegegnungen sollten zielgerichtet gestaltet werden. Demzufolge sollten Lehr- und Lernmaterialien genutzt werden, die dem selbsttätigen und selbstständigen Lernen vor Ort förderlich sind.

Aber nicht nur Begegnungen mit einem konkreten Ort außerhalb der Schule sollte Schülern ermöglicht werden. Darüber hinaus sollen an diesem Ort auch konkrete Begegnungen mit Menschen angeregt werden. Aber auch hier ist vor allzu großen Erwartungen zu warnen und ein gutes Maß an Nüchternheit walten zu lassen. Potenzielle Begegnungspartner, die in einem Museum, in einer Bank oder einem Natur- und Erlebnispark für Führungen oder Gespräche zur Verfügung stehen, sollte man trotz aller Professionalität eine Begegnungsübersättigung zugestehen. Allzu oft werden sie mit Begegnungserwartungen überhäuft. Das kann zu völlig verständlichen Abwehrreaktionen führen.

Die Begegnungen mit Menschen am ASL nicht überstrapazieren

Hinzu kommt ein pädagogisch bislang zu wenig berücksichtigter Erfahrungswert: die immer wieder beschworene Hochschätzung von Begegnung geht meistens wie selbstverständlich davon aus, dass das Ergebnis von Begegnung immer positiv sein müsse. Es sollte jedoch nicht von einem Automatismus ausgegangen werden, dass die Begegnung *per se* Verstehen und Verständnis befördere. Im Gegenteil: Begegnungen können kontraproduktiv sein, Gräben vertiefen, Spaltungen vorantreiben, Vorerfahrungen negativ bestätigen, Vorurteile bestärken oder überhaupt erst entstehen lassen. Dies gilt vor allem im interkulturellen und interreligiösen Bereich. Nicht immer wird die direkte Begegnung einer positiven Beziehung zuträglich. Oft können Begegnungen insbesondere mit Jugendlichen anderer Kulturen und Religionen auch scheitern. Bei bester didaktischer Vorbereitung und Durchführung mag konkrete Erfahrung destruktiv besetzte Fremdheit überhaupt erst aufkommen lassen. Heißt es nicht Abschied nehmen von diesem pädagogischen Mythos? Das Fazit: Wo möglich und sinnvoll, sind Begegnungen ohne zu hohe Erwartungen, auf behutsame Weise und unter Wahrung mehrerer Vorsichtsregeln zu gestalten (vgl. LANGENHORST 2017).

Was für moderne westliche Gesellschaften gilt, gilt wohl auch für Schule und Unterricht. Lerngruppen sind nicht zuerst durch Gemeinsamkeiten und Ähnlichkeiten gekennzeichnet, sondern durch Vielfalt und Verschiedenheit. Demzufolge sind sie auch durch eine radikale Perspektivendifferenz gekennzeichnet. Von daher ist ein professioneller Umgang mit den prinzipiell unterschiedlichen Perspektiven von Lehrenden und Lernenden nicht nur erwünscht, sondern auch geboten. Perspektivenvielfalt erzeugt Differenzen. Diese werden durch Kommunikation und Begegnung nicht ausgeräumt. Im Gegenteil: Kommunikation und Begegnung erzeugen Differenzen und halten sie damit lebendig. Es gilt, die an ASL erlebten Differenzen im Umgang mit den Begegnungspartnern mehr oder weniger zu verstehen. Begegnungen an ASL initiieren mithin ein differenzhermeneutisches Arbeiten, bei dem dem Umgang mit dem Fremden Ausdruck verliehen wird (vgl. RIEGGER 2017).

Die geschilderten Vorbehalte und Zusammenhänge sind bei der Vorbereitung auf den Lernort-Besuch von den Lehrkräften zu bedenken. Bei eigenen vorgängigen Erkundungen des Orts wird sich zeigen, wer als Ansprechpartner zur Verfügung steht. Er sollte über die Ziele, den Stand der Planungen, die Aufgaben sowie seine Rolle informiert werden. Absprachen sind über die Art und Weise der Durchführung sowie die Erwartungen zu treffen, die an ihn herangetragen werden. Soll er exklusiv orts- und sachbezogene Fragen der Schüler beantworten und dementsprechend als Experte des Ortes anzusprechen sein? Wie steht er zu kritischen Anfragen der Schüler zu der Institution und Einrichtung, die er vertritt? Kann er auf sein Berufsfeld hin befragt werden? Wird er Auskunft über seine Berufsbiografie und damit verbundene Berufs(un)zufriedenheiten geben wollen? Diese klärenden Vorgespräche können möglicherweise auftretende Differenzen offenlegen und zu einem sensiblen Umgang mit ihnen beitragen.

Impulse zur Selbstreflexion und zum kollegialen Austausch

1. Setzen Sie sich mit den Schlüsselbegriffen auseinander und wägen Sie ab, ob sich dadurch Ihre Sicht auf konkrete außerschulische Lernorte verändert hat.
2. Diskutieren Sie, welches Potenzial die Schlüsselbegriffe für die Entwicklung neuer Lernort-Aufgaben haben.

Literatur

FOUCAULT, MICHEL (2013): Die Heterotopien. France Culture 7. Dezember 1966. In: FOUCAULT, MICHEL (2013): Die Heterotopien. Der utopische Körper. Zwei Radiovorträge. Berlin, 7–22

FOUCAULT, MICHEL (2001): Von anderen Räumen. In: FOUCAULT, MICHEL (2005): Schriften in vier Bänden. Band 4: 1980–1988. Frankfurt a. M., 931–942

GOETHE, JOHANN WOLFGANG (1808): Faust. Eine Tragödie von Goethe. Der Tragödie erster Teil. J. G. Cotta, Tübingen

KAUPP, ANGELA (2016): RaumBildung – der Gewinn eines „spatial turn" für die Praktische Theologie. In: KAUPP, ANGELA (Hrsg.) (unter Mitarbeit von ANDREA SPANS) (2016): Raumkonzepte in der Theologie. Interdisziplinäre und interkulturelle Zugänge. Ostfildern, 127–144

LANGENHORST, GEORG (2017): Begegnung als „Königsweg interreligiösen Lernens"? Ein skeptischer Einwurf. In: Katechetische Blätter 142 (2017), 183 f.

RAU, SUSANNE (2016): Raum: Theorien und Konzepte – eine Annäherung. In: KAUPP, ANGELA (Hrsg.) (unter Mitarbeit von ANDREA SPANS) (2016): Raumkonzepte in der Theologie. Interdisziplinäre und interkulturelle Zugänge. Ostfildern, 21–38

RIEGGER, MANFRED (2017): Differenzhermeneutik praktisch. In: Katechetische Blätter 142 (2017), 205–209

ROSA, HARTMUT / ENDRES, WOLFGANG (^{2}2016): Resonanzpädagogik. Wenn es im Klassenzimmer knistert. Beltz Verlag, Weinheim/Basel

4 Kontexte einer Didaktik außerschulischer Lernorte

In diesem Kapitel erwartet Sie zum Thema
- eine Positionsbestimmung im Kontext schulischer Entwicklungen,
- ein Plädoyer für die Kooperation von Unterrichtsfächern,
- ein Spektrum von Möglichkeiten zur Förderung von Kompetenzen sowie
- ein Spektrum von Lernwegen zum Umgang mit Heterogenität und Differenzierung.

4.1 Schulentwicklung und Öffnung von Schule

Aus guten Gründen wird landauf landab die konzeptionelle Arbeit an größerer Schulautonomie, Profilierung von Schulprogrammen und Entwicklung von Schulkultur(en) vorangetrieben. Im Rahmen schulpolitischer Entscheidungen und pragmatischer Notwendigkeiten ist mittlerweile die Öffnung von Schule als Hauptfaktor der Schulentwicklung anzusehen. Sie gilt als Prozess der Gestaltung von Schule zu einem Lebens- und Erlebnisraum für Kinder und Jugendliche. Wissen ist nicht von der Lebensrealität der Schüler zu trennen. Es ist alltagsorientiert und ganzheitlich zu erwerben, wobei solidarisches Miteinander, Kreativität und Fantasie eigens zu fördern sind. Einerseits rücken damit prioritär die Erfahrungen, Fähigkeiten, Interessen und Probleme der Kinder und Jugendlichen in den Blick. Andererseits gewinnt das regionale respektive kommunale Umfeld der Schule und ihrer Schülerschaft an Bedeutung. Mit seinen Einrichtungen und Gruppen bietet es ein Reservoir an außerschulischen Lernorten (ASL), an denen Schüler die Lerngegenstände des Unterrichts konkret und anschaulich erkunden und bearbeiten können. Die Zusammenarbeit mit Partnern vor Ort tut ein Übriges. Als Experten mit reichem Erfahrungsschatz, Wissen und Knowhow tragen sie wesentlich zur Erschließung des *Netzwerks soziale Umwelt* bei. Vor diesem Hintergrund sollte die Aufgeschlossenheit der Schule, außerschulische Kompetenzen für die Schule als Lebens- und Lernraum zu nutzen, eine Selbstverständlichkeit sein.

ASL im Kontext der Öffnung von Schule

Öffnung von Schule ist ein ambitionierter Schulprogrammpunkt im Kontext einer Schulkultur, die den Schülern eine größere Eigenverantwortung für ihre Wissenskonstruktionsprozesse zugesteht, den Lehrern eine Perspektivenerweiterung ihrer Rolle abverlangt und mit veränderten Organisationsformen des Unterrichts einhergeht. Mithin sind sowohl die Schule als Ganze als auch die einzelnen Unterrichtsfächer herausgefordert. Denn

Öffnung von Schule und Unterricht bedingt die Auflösung starrer Fachgrenzen sowie die Aufgabe der Binnenperspektiven des jeweiligen Fachunterrichts zugunsten eines fächerübergreifenden und -verbindenden Unterrichts. Dabei kommt der Erkundung von ASL sowie den Kooperationen mit außerschulischen Bildungspartnern eine besondere Bedeutung zu, weil sich darin Bildung in einem umfassenden Sinne zum Ausdruck bringt. Die Öffnung von Schule hin zu ASL im Sozialraum ermöglicht die für Schule unverzichtbare Alltagsbildung.

Für die Sekundarstufe I ist sicherlich das handlungsorientierte Potenzial des Lernens am anderen Ort hervorzuheben. Wie schon erörtert, sind die Verbindung und Verknüpfung von Schule und Leben, die durch den Lernortwechsel angestoßen werden, wesentlich auch im Licht gegenwärtiger Unterrichts- und Schulentwicklung zu sehen. Mithin gehören zum Curriculum einer Schule als integrale Bestandteile außerunterrichtliche und außerschulische Aktivitäten. Der Besuch von Handwerks- und Industriebetrieben gewährt einen Einblick in die Berufs- und Arbeitswelt. Begegnungen mit Menschen, die in der Gemeinwesenarbeit aktiv sind oder waren, schärft die Wahrnehmung von gesellschaftlicher Verantwortung und Partizipation. Das Aufsuchen von Stätten gelebter religiöser Praxis (z. B. Kirchen, Synagogen, Moscheen) kann die Verständigung der Kulturen und Religionen unterstützen. Besuche von Museen und Theatern fördern kulturelle Interessen und künstlerische Begabungen.

Die Verortung von ASL in Schulgesetzen

Die Schulgesetze der Bundesländer verorten das Lernen außerhalb der Schule sehr unterschiedlich. Es wird wie folgt begründet: Eine pluralitätsoffene Schule mit heterogener Schülerschaft setzt auf die strukturelle Vielfalt des Lernens. Dazu gehören ASL. Die Öffnung von Schule gehört konstitutiv zum schulischen Bildungs- und Erziehungsauftrag. Sie ist gestaltetes Schulleben in regionaler Nachbarschaft, das ohne Einbezug von ASL sowie außerschulischen Partnern nicht denkbar ist. Vorzugsweise in den Jahrgangsstufen 9/10 sind zum Zweck der Berufswahlorientierung Lernortkooperationen mit Betrieben und gemeinwohlorientierten Einrichtungen einzugehen.

4.2 Unterricht in Kooperation – fächerverbindender und fächerübergreifender Unterricht

Die zunehmende Vernetzung von Welt sowie der stetige Anstieg von Wissensströmen hat ebenso weitreichende Konsequenzen für Schule und Unterricht mit der Orientierung an einer Vielzahl von Fächern. Zwar wird gegenwärtig noch aus guten Gründen an der Fachgebundenheit festgehalten. Aus der spezifischen Perspektive des einzelnen Unterrichtsfachs wird verständlicherweise jeweils ein Teilstück aus dem gesamten Bildungshaushalt der Schule als Bildungsinhalt vertiefend vermittelt. Langfristig wird es geboten sein, Schülern mehrperspektivische und vernetzende Zugänge zur Welt zu verschaffen, die sie zur Orientierung und kritischen Auseinandersetzung mit der Welt und verantwortungsvollen Gestaltung und Teilhabe an der Gesellschaft befähigen. Demzufolge werden die einzelnen Unterrichtsfächer stärker als bisher miteinander zu kooperieren haben. Auf diesem Weg wird der Boden bereitet, um zumindest zeitweise die traditionelle Gliederung und Grenzen der Schulfächer aufzuheben. Fächerverbindender Unterricht wird somit an Bedeutung gewinnen. Fachübergreifende Kompetenzen stellen Bezüge zwischen den Fächern her und decken die Zusammenhänge zwischen den einzelnen Fachperspektiven auf. So werden die allen Fächern gemeinsamen Fragen nach dem Verständnis von Mensch, Welt und Leben, nach den Modi der Weltbegegnung und des Weltverstehens transparent gemacht. Lernen erfolgt ganzheitlich und fächerübergreifend.

Um das Verhältnis der Fachunterrichte besser benennen zu können, gebraucht die einschlägige Literatur die Attribute *fächerverbindend* und *fächerübergreifend*. Im Kontext eines kooperativen Fächerunterrichts ist es angemessen, den Begriff des fächerverbindenden Unterrichts zu verwenden. Damit wird eine gemeinsame Zielvorstellung der kooperierenden Fächer zum Ausdruck gebracht. Demgegenüber kann beispielsweise im Zusammenhang mit einer Exkursion oder einem Betriebspraktikum von einem fächerübergreifenden Unterricht gesprochen werden, wenn ein Unterrichtsfach als leitendes Fach den „Ton angibt" bzw. federführend ist.

Begegnung im Kontext der Fachunterrichte

Ein Weiteres: Um die Beziehung der Fachunterrichte vertiefend verstehen zu können, scheint mir auch hier *Begegnung* ein angemessener Begriff zu sein. Er kennzeichnet auf treffliche Weise das fächerverbindende Arbeiten. Im Deutschen besteht das Wort aus dem Präfix *be* und dem *gegnen*. Die Vorsilbe verweist darauf, dass sich einer in den Bereich des anderen begibt. Das *gegnen* markiert eine Spannung, die zwischen den Begegnenden besteht. Mithin findet in der Begegnung ein wechselseitiger Austausch, ein

Geben und Nehmen statt. Dieses Verhältnis kennzeichnet auch das fächerverbindende Arbeiten. Hier stehen zwei oder mehrere Fächer einander gegenüber. Sie treten zwar auch miteinander in Kommunikation, aber mehr noch begegnen sie sich mit ihrem jeweiligen Anspruch, der unaufgebbar ist und Selbstständigkeit sowie Autonomie der Fächer zur Geltung bringt. In der Begegnung werden die jeweiligen Anliegen der Fächer aufeinander bezogen und führen bestenfalls zu einem Erkenntnisgewinn, der im Binnenraum eines einzelnen Fachs so nicht zustande gekommen wäre. Spannungen sind auszuhalten. Denn es wird auch passieren, dass die Ansprüche der Fächer gegeneinander entstehen werden. Die dem Selbstverständnis zugrunde liegenden Auffassungen und Überzeugungen über die Welt, den Menschen in seiner Beziehung zur Welt, das Leben in seinen unterschiedlichen Gestaltungsformen, sind nicht selten kontrovers oder in Konkurrenz zueinander. Während beispielsweise die MINT-Fächer Welt und Leben auf ihre wissenschaftlich begründeten Phänomene sowie praktische Bewältigung hin deuten, heben die gesellschafts- und geisteswissenschaftlich orientierten Fächer die menschlichen Artikulations- und Gestaltungsformen sowie die weltanschaulich-religiösen Dimensionen des Lebens hervor.

Plädoyer für Kooperationen in den Unterrichtsfächern

Trotz der Mühen und Anstrengungen, die diese Form der Kooperation der Unterrichtsfächer mit sich bringt, sind Begegnungen immer wieder anzustoßen (vgl. SCHMOLL 2010). Den Lehrenden ermöglichen sie, sich in der Auseinandersetzung mit den anderen Fachkollegen die eigene Fachperspektive zu vergegenwärtigen, ihren Anteil am Bildungsauftrag der Schule selbstbewusst zu vertreten sowie die Gleichwertigkeit aller Fächer zu respektieren und eben keinem Fach eine mindere Bedeutung zuzusprechen. Den Schülern ermöglichen sie, mit Vielfalt und Verschiedenheit reflexiv und kritisch umzugehen. Sie lernen, die in den einzelnen Fächern vertretenen Menschen- und Weltbilder mit den darin enthaltenen Spielräumen der Lebensgestaltung und -orientierung differenziert zu unterscheiden und sich zu ihnen zu verhalten. Die Schüler entdecken aber auch, dass trotz bestehender Differenzen alle Fächer an einem Strang ziehen und ein gemeinsames Bildungsanliegen haben. Sie haben den Anspruch, Welt und Leben in den Grenzen von Schule und Unterricht umfassend vorzustellen und somit einerseits die Selbstbildung der Schüler zu fördern, andererseits die bildende Kraft der Fächer zur Selbstständigkeit, Mündigkeit und Freiheit zu entfalten.

Außerschulische Lernorte (ASL) befördern die Kooperation zwischen den einzelnen schulischen Unterrichtsfächern sowie die Möglichkeiten des fächerverbindenden Unterrichts in dem vorgängig dargelegten Sinne. Damit soll keinesfalls die Fachgebundenheit preisgegeben werden, sondern vielmehr ein mehrperspektivisches Lernen und unterschiedliche Lernformen als Signaturen einer zukunftsfähigen Schule realisiert werden.

Fächerverbindende Arbeit und Begegnung beginnen dann, wenn sich zwei oder mehrere Fächer gemeinsam auf einen ASL verständigt haben. Der ASL kann unter einem gemeinsamen thematischen Schwerpunkt mehrperspektivisch in Augenschein genommen werden. Auf diese Weise werden die spezifischen Zugänge der Fächer untereinander immer wieder aufgebrochen bzw. „gegen den Strich gebürstet". Nachfolgend zwei Beispiele:

Das Einkaufszentrum (Shopping Center, Shopping Mall) – Facetten des Konsums

Politik und Wirtschaft: Wirkungen der Adaptions- und Diskussionsprozesse um das Einkaufszentrum für die alltägliche Praxis und Lebensführung
Kompetenzerwartung: Die Schüler nehmen das Einkaufszentrum als Ort unbegrenzten Konsums wahr.

Gesellschafts- und Sozialkunde: Konsum als Spiegel gesellschaftlicher und sozialer Entwicklung
Kompetenzerwartung: Die Schüler erklären den Einfluss des Einkaufszentrums auf das individuelle und gesellschaftliche Leben und reflektieren ihren eigenen Umgang mit Konsum.

Kunst(geschichte): Die Architektur des Ortes
Kompetenzerwartung: Die Schüler identifizieren das Einkaufszentrum als Ort gegenwärtiger Kultur.

Deutsch: Literarische Formen: Erschließung von Metaphern und Symbolen (z. B. Konsumtempel)
Kompetenzerwartung: Die Schüler deuten die Metapher Konsumtempel.

Ethik: Maße des Konsums zwischen Tun und Lassen (Konsumgebrauch und -verzicht)
Kompetenzerwartung: Die Schüler benennen die Funktionen, die Menschen dem Einkaufszentrum zuschreiben, und reflektieren kritisch ihre eigene Haltung zum Konsum.

Religion: Religiöse und quasireligiöse Phänomene in Alltag und Kultur
Kompetenzerwartung: Die Schüler benennen die Unterschiede zwischen dem christlichen Glauben und den im Alltag und in der Kultur vorfindlichen esoterischen Sinnangeboten und neo-religiösen Praktiken und reflektieren deren Bedeutung für das individuelle und gesellschaftliche Leben.

Die Stadt – vertraut und doch so fremd?

Politik und Wirtschaft: Finanzwirtschaft, Handel, politische Strukturen (Ortsteil und Stadtteilbeirat, Räte, Kreise, Regierungsbezirke, Land, Staat, Europäische Union)
Kompetenzerwartung: Die Schüler erkunden das Rathaus in seiner verwaltungspolitischen Funktion.

Gesellschafts- und Sozialkunde: Stätten kulturellen und sozialen Lebens; Bevölkerungsspezifik; Bildungsmöglichkeiten
Kompetenzerwartung: Die Schüler nehmen die unterschiedlichen Orte in der Stadt als vielfältige Repräsentationen kulturellen und sozialen Lebens wahr und beschreiben sie (z. B. Feste und Feiern; Pflege von Tradition und Brauchtum).

Geschichte: Aspekte der Stadtgeschichte
Kompetenzerwartung: Die Schüler zeichnen anhand unterschiedlicher Gebäudetypen Stationen der Stadtgeschichte nach.

Kunst: Die Stadt im Fokus kunstgeschichtlicher Epochen; die Präsenz von Gegenwartskunst und kreativer Architektur
Kompetenzerwartung: Die Schüler identifizieren in der Stadt Gebäude einer bestimmten kunstgeschichtlichen Epoche und entdecken Spuren zeitgenössischer Architektur.

Deutsch: Stadtführer als literarisches Genre (Stilmittel)
Kompetenzerwartung: Die Schüler erkunden anhand eines Stadtführers exemplarisch einige als Sehenswürdigkeiten empfohlene Stätten und Orte der Stadt und (über-)prüfen dabei deren Nutzerfreundlichkeit bzw. den Adressatenbezug.

Ethik: Der moralische Einfluss der Stadt; die Bedingungen unterschiedlicher städtischer Atmosphären und Möglichkeiten der Veränderung einschließlich des eigenen Zutuns
Kompetenzerwartung: Die Schüler nehmen im Aufsuchen fremder und vertrauter Winkel einer (bzw. ihrer) Stadt elementare Lebenserfahrungen von Fremdheit und Vertrautheit wahr.

Religion: Öffentliche Plätze in der Stadt, z. B. Marktplätze
Kompetenzerwartung: Die Schüler nehmen Marktplätze als öffentliche Präsentation und Symbolisierung großer Lebensfragen und elementarer Lebenserfahrungen sowie ihre lebensgeschichtliche und lebensweltliche Bedeutung wahr und beschreiben sie.

Es empfiehlt sich, dass die Fachlehrer die gemeinsamen Besuche zu ASL langfristig planen. Die beispielsweise in den Klassen-, Fach- und Jahrgangskonferenzen getroffenen Absprachen über den Themenschwerpunkt, Termin sowie die Dauer der außerschulischen Aktivitäten sichern die frühzeitige Anbindung an den jeweiligen Fachunterricht sowie größtmögliche Transparenz und Offenheit untereinander.

4.3 Kompetenzorientierter (Fach-)Unterricht

Mittlerweile gilt für alle Schulfächer die didaktische Orientierung an Kompetenzen und Bildungsstandards. Diese werden in den neuen Lehr- und Bildungsplänen der Bundesländer inhaltlich an verschiedenen zentralen Lernbereichen bzw. Lerndimensionen und Unterrichtsthemen konkretisiert. In diesen Zusammenhängen haben auch die außerschulischen Lernorte (ASL) ihren Platz. Auch sie sollen Selbst-, Fach- und Sach-, Methoden- und Sozialkompetenzen befördern, damit die Schüler ein selbstständiges und autonomes Leben zu gestalten lernen sowie verantwortlich und solidarisch am gesellschaftlichen Leben zu partizipieren in der Lage sind. So wird die Abkehr von einem einseitig stofforientierten Unterricht ermöglicht, der in der Gefahr steht, ausschließlich träges Wissen zu vermitteln.

Begriffsklärung Kompetenz

Kompetenzen umfassen Kenntnisse, Fähigkeiten und Fertigkeiten, die Schüler gemäß den Bildungsansprüchen der jeweiligen Fächer erwerben sollen, sowie Einstellungen und Haltungen, die Schüler fachangemessen ausbilden sollen. Dadurch werden sie befähigt, bestimmte Situationen adäquat zu bewältigen und diese in vergleichbaren sowie neuen Situationen anzuwenden.

Begriffsklärung Anforderungssituation

Zu den kompetenzorientierten *Essentials* gehören Anforderungssituationen. Es sind alltägliche oder herausgehobene Situationen, in denen der Schüler sich zu konkreten Herausforderungen verhalten oder in denen er selbst handeln muss. Solche Situationen können z. B. Fragen aufwerfen, die geklärt, beantwortet oder beurteilt werden sollen. Ebenso können sie den Schüler vor Aufgaben und Probleme stellen, die zu bewältigen oder zu lösen sind. Kompetenzorientierter Fachunterricht macht solche Handlungssituationen zum didaktischen Ausgangspunkt des Lernens. Die Schüler haben zur Bewältigung dieser Aufgaben bestimmte Kompetenzen zu erwerben.

In gebotener Kürze nachfolgend drei Beispiele:

- Schüler einer 5. Jahrgangsstufe besuchen im Rahmen ihres Deutschunterrichts eine öffentliche Bibliothek. Angesichts der verbreiteten Nutzung digitaler Medien wird den meisten Schülern der Umgang mit Büchern fremd sein. Sie werden sie langweilig finden. In der Bibliothek stehen sie vor der (Anforderungs-)Situation, sich zu orientieren und z. B. mithilfe einer digitalen App die Bücherwelt zu erforschen. Wie ist die digitale App zur Erschließung der einzelnen Abteilungen sowie zum Auffinden eines Buchs zu nutzen? Welcher Mitschüler kennt sich bereits an dem Ort aus und kann als Experte mit Rat und Tat zur Seite stehen? Wo sind mögliche Kommunikationsinseln, an denen in der Kleingruppe Fragen geklärt werden können, ohne die anderen Besucher der Bibliothek zu stören? Diese möglicherweise aufgeworfenen Fragen kreisen um Kompetenzen der Aneignung von Wissen, des sozialen Miteinanders sowie des eigenen Verhaltens.

- Schüler einer 8. Jahrgangsstufe erkunden im Rahmen ihres Kunstunterrichts den historischen Ortskern in der Umgebung ihrer Schule. Sie nehmen den Ort wahr und erfassen seinen Ist-Zustand. Sie erwägen die Möglichkeiten einer Neugestaltung aufgrund gebotener aktueller und zukünftiger Notwendigkeiten. Zurück in der Schule sehen sie sich mit der Aufgabe konfrontiert, in der örtlichen Presse eine Petition mit wohl begründeten Argumenten für den Erhalt des historischen Ortskerns und gegen eine drohende komplette Neugestaltung als Gruppenleistung zu veröffentlichen. Welche Pro- und Kontra-Argumente lassen sich finden, um sowohl die Befürworter anzusprechen und in ihrer eigenen Argumentation zu stärken als auch den Skeptikern den Wind aus den Segeln zu nehmen? Wer übernimmt in der Gruppe welche Aufgaben? Welchen gattungsspezifischen Kriterien hat eine Petition als öffentlicher Brief in einer Zeitung zu genügen? Diese möglicherweise aufgeworfenen Fragen kreisen um kognitive und kommunikative Kompetenzen, um Urteilsfähigkeit, Sach- und Methodenkompetenz.
- Schüler einer 9. Jahrgangsstufe suchen im Rahmen des Musikunterrichts eine Kirche in der Umgebung ihrer Schule auf. Der Besuch soll dazu führen, neue Eindrücke der Tonerzeugung zu gewinnen und auf diesem Weg für differenzierte Wahrnehmungen von Klängen an unterschiedlichen Orten und in verschiedenen Räumen zu sensibilisieren. Welche Eindrücke und Befindlichkeiten von Vertrautheit und Fremdheit werden wahrgenommen, beschrieben und gedeutet? Wie können bei Wahrung eines respektvollen Umgangs mit der Umgebung verschiedene Gegenstände einer Kirche zum Klingen gebracht werden? In welcher Form können die Klangergebnisse dokumentiert werden? Diese möglicherweise aufgeworfenen Fragen kreisen um Wahrnehmungs- und hermeneutische Kompetenzen, Handlungskompetenz sowie Methodenkompetenz.

Es zeigt sich: Die Bedeutsamkeit der Kompetenzen wird durch Anforderungssituationen nachgewiesen, an deren Bearbeitung die Schüler in ihrem Bemühen, Welt in ihrer Vielfalt verstehend zu begegnen, Lebensorientierung zu gewinnen sowie Handlungsoptionen zur Gestaltung von Leben und Welt kritisch zu reflektieren, lernen können. ASL provozieren *per se* Anforderungssituationen und befördern so ohne großartiges pädagogisches und/oder didaktisches Zutun ein umfängliches Repertoire an Kompetenzen.

Lehrpläne – Kompetenzen – ASL

Die Lehrpläne der Länder nennen für die einzelnen Unterrichtsfächer ausdrücklich ASL, an denen außerschulisch im besonderen Maße Kompetenzen gefördert werden können. Welche ASL sich besonders mit bestimmten Kompetenzerwartungen verbinden lassen, habe ich exemplarisch anhand der Thüringer Lehrpläne für die Jahrgangsstufen 5 bis 10 untersucht und ausgewertet, weil sie den Referenzrahmen für mein Berufsfeld darstellen. Ich gehe allerdings davon aus, dass der erstellte Befund so oder ähnlich auch in den Lehrplänen der anderen Bundesländer erhoben werden kann.

Theater sind als Spielstätten mit ihren eigenen Bühnen- und Raumgestaltungen zu erkunden. Schüler erkennen die unterschiedliche Wirkkraft von gespielten Szenen an verschiedenen Spielorten als Bühnenformen. Sie entdecken, dass die Rezeption von Texten spezifische Strategien der Rezeption verlangt. Aus Theaterszenen als besondere Rezeptionsformen können sie Informationen aufnehmen, verstehen und verarbeiten. Der Besuch von Theatern verortet sich in den Unterrichtsfächern Gestalten und Darstellen, Deutsch, Englisch und Musik.

Historische Orte, Gedenkstätten, Museen, Archive sowie historische Ausstellungen werden explizit im Lehrplan für das Unterrichtsfach Geschichte als ASL genannt, um sich mit der Geschichtskultur in der Gesellschaft auseinander zu setzen. ASL dienen der Suche nach Spuren der Vergangenheit, an der sich nach Möglichkeit und vorheriger Abstimmung alle Fächer der Fächergruppe beteiligen sollen. Unverzichtbar ist der Besuch eines entsprechenden ASL und/oder die Realisierung eines Zeitzeugenprojekts, um die Diktaturen der Vergangenheit zu vergegenwärtigen.

Der Lehrplan für das Unterrichtsfach Sozialwesen sieht die Erschließung eines breiten sozialpädagogischen Berufsfelds vor. Soziales Interesse entsteht vor allem durch die unmittelbare Auseinandersetzung mit der sozialen Lebenswirklichkeit. In jeder Jahrgangsstufe werden daher Begegnungen mit Vertretern sozialer Berufe sowie Exkursionen und Praktika in sozialen Einrichtungen empfohlen.

An ASL wie Kirchen und kirchlichen Einrichtungen lernen die Schüler konkrete Ausdrucksformen des christlichen Glaubens und Lebens kennen und bringen diese mit dem eigenen Erfahrungshorizont in Verbindung. Darüber hinaus wird die Erwartung ausgesprochen, dass sie sich in Kirchen als Gotteshäusern eigenverantwortlich angemessen verhalten. Da Thüringen zum Kernland der Reformation gehört, sollen die Schüler an ausgewählten ASL reformatorische Spuren entdecken sowie Zeichen der Reformation deuten. Diese religiösen ASL werden im Unterrichtsfach Evangelische Religion verortet.

Im Lehrplan für das Unterrichtsfach Kunst werden exemplarisch Kunstschulen, Künstlerwerkstätten, Galerien, Museen und Theater als ASL genannt, mit denen nach Möglichkeit langfristige und nachhaltige Kooperationen einzugehen sind. Von direkten Kontakten zu entsprechenden Berufsgruppen und ihren Wirkungsbereichen können berufswahlvorbereitende Impulse ausgehen. Kunstbegegnungen wie Besuche in Ateliers und Künstlerwerkstätten, Gespräche mit Architekten, Designern, Filmemachern und Fotografen, Malern, Grafikern, Bühnen- und Maskenbildnern machen die Schüler mit deren Wirkungsbereichen und speziellen Arbeitsweisen bekannt. Darüber hinaus sollen die Lernenden in diesem Unterrichtsfach das städtische oder ländliche Umfeld erkunden und es als räumlichen Rahmen für den Alltag verstehen lernen. Das Fach Kunst leistet damit seinen Beitrag zur Raumbildung in dem im dritten Kapitel dargestellten schlüsselbegrifflichen Sinne. Die Schüler sollen alltags- und differenzhermeneutische Kompetenzen erwerben. Sie lernen die unterschiedlichen Erscheinungsformen der Räume *Stadt* und *Land* kennen und erschließen sich die Vielfalt der ihnen begegnenden Alltagswelt ihrer näheren Umgebung.

Neben vielgestaltigen Kooperationsmöglichkeiten z. B. mit Musikschulen, Orchestern, Museen und Theatern werden im Lehrplan für das Unterrichtsfach Musik kulturelle Einrichtungen als authentische ASL genannt. Im direkten Kontakt zu einschlägigen Berufsgruppen ergeben sich für die Schüler berufswahlvorbereitende Chancen. Darüber hinaus werden die Erwartungen geäußert, dass die Schüler einer Aufführung im Musiktheater ausdauernd und konzentriert folgen und den Theaterbesuch genießen können.

Welche Kompetenzen können an ASL gefördert werden

ASL werden überwiegend zur Förderung von Methodenkompetenz genutzt. Schüler sollen vorzugsweise öffentliche und wissenschaftliche Bibliotheken, Archive und Datenbanken unter Anleitung (meist selbstständig) nutzen können, dort Informationen gewinnen und verarbeiten. Das Recherchieren bzw. die Recherche hat in allen Fachlehrplänen ihren Platz. Erkundungen von ASL dienen in fast jedem Lehrplan der Informationsgewinnung und -verarbeitung. Einige konkrete Beispiele in Auswahl: Der Lehrplan für das Fach Sozialkunde empfiehlt ASL, um z. B. im Rahmen einer Erkundung Informationen zur Veränderung der natürlichen Umwelt zu sammeln und auszuwerten. Diese Zielstellung wird im Lehrplan für das Fach Geografie zugunsten der lokalen räumlichen Gegebenheiten unter bestimmten Fragestellungen modifiziert. Der gelebte Glaube in Gegenwart und Vergangenheit sowie die Ausdrucksformen christlichen Glaubens und Lebens sind an den entsprechenden ASL wahrzunehmen, zur Informationsgewinnung sowie zu Recherchezwecken, so angeführt in den Lehrplänen für die Fächer Evangelische und Katholische Religion.

Das Miteinander von Kompetenzen und Inhalten

Fazit: Einem Unterricht, der sich didaktisch an zu erwerbenden Kompetenzen orientiert, wird häufig in Bezug auf die geistes- und gesellschaftswissenschaftlich orientierten Fächer Inhaltsvergessenheit vorgeworfen. Aber gerade an ASL lässt sich gut aufzeigen, dass diese Kritik unberechtigt ist. Keine Kompetenzen ohne Inhalte! Orte und Räume als Repräsentationsformen von Natur, Kunst und Kultur, Gesellschaft und Politik, Wissenschaft und Technik etc. (s. Kapitel 1) stehen *per se* schon für bestimmte Themen und Inhalte sowie Lernbereiche. An einer Shopping Mall kann schwerlich die Schönheit der Natur erschlossen werden, wohl aber die gesellschaftliche Realität der Orientierung an Konsumgütern thematisiert werden. An einer Abwasserbehandlungsanlage kann schwerlich über nachhaltige Lebensräume von Kühen diskutiert werden, wohl aber über die mechanischen, biologischen und chemischen Verfahren zur Reinigung von Abwasser. Ebenso wenig kann umgekehrt in die Praxis chemischer Experimente in einer Künstlerwerkstatt eingeführt oder die Wahrnehmung von Stille und Ruhe an einem Bahnhof erspürt werden. An ASL korrespondieren inhaltsbezogene und prozessbezogene Kompetenzen miteinander.

Die Thüringer Lehrpläne heben durch die explizit genannten ASL die Anbahnung und Förderung hermeneutischer Kompetenzen hervor, mit deren Hilfe der Alltag und die Kultur, Vergangenheit und Gegenwart, Lebens-, Arbeits- und Berufswelt beschrieben und gedeutet werden können. Damit einher geht der Erwerb von Methodenkompetenz. Erkundungen von ASL dienen der Informationsgewinnung und -verarbeitung. Hier geht es um kognitive Kompetenzen, um Aneignung von Wissen und Können. Dieser Befund legt die Vermutung nahe, dass an ASL nicht allzu große bzw. einseitig orientierte Kompetenzerwartungen gestellt werden. Damit sind allerdings die Potenziale von ASL bei weitem noch nicht ausgeschöpft. Nicht zu unterschätzen ist beispielsweise die Wirkung von ASL auf das soziale Miteinander in der Lerngruppe. Exkursionen zu ASL eröffnen Räume für besondere Eindrücke, Erlebnisse und Erfahrungen, die eine Lerngruppe dauerhaft prägen und sich positiv auf das soziale Miteinander auswirken können. Darüber hinaus hebt die im November 2017 veröffentlichte neue PISA-Studie die Bedeutung des Problemlösens im Team als Schlüsselkom-

ASL und die Förderung von Sozialkompetenzen

petenz in der Berufs- und Arbeitswelt hervor. ASL eröffnen vielfältige Möglichkeiten der Anbahnung berufsvorbereitender Kompetenzen.

Die Sprache der Lehrpläne bedient sich des Vokabulars der im zweiten Kapitel entfalteten Schlüsselbegriffe. Es geht um Orte und Räume, um (originale) Begegnungen und besondere Resonanzen, um Erkundungen und Entdeckungen. Hier zeigt sich: Auch dieser didaktische Ansatz pflegt und gebraucht seine eigene Fachsprache.

4.4 Differenzierung

Das heterogene Klassenzimmer bzw. der Unterricht mit heterogenen Lerngruppen ist pädagogischer Alltag. Da jeder Mensch anthropologisch gesprochen einzigartig ist, lässt er sich auch in seinem Lernen nicht in ein pädagogisch-didaktisch genormtes Korsett pressen. Bildung wie Lernen sind lebendige und individuelle kognitive, emotionale sowie motivationale Vorgänge der Auseinandersetzung und Aneignung von Welt und Wirklichkeit. Die damit verbundene schulische Herausforderung besteht darin, differenziert zu unterrichten. So kommt es nicht von ungefähr, wenn MANFRED BÖNSCH eine seiner neueren Publikationen mit *Heterogenität ist Alltag – Differenzierung ist die Antwort* betitelt hat (BÖNSCH 2014). Die Gestaltung differenzierter Lernwege in heterogenen Lerngruppen ist mithin ein erklärtes Ziel zur Sicherung von Schul- und Unterrichtsqualität.

Aufgrund ihrer Originalität lassen sich gerade an außerschulischen Lernorten (ASL) vielfältige Lernwege gestalten, die den Ansprüchen an Differenzierung genügen: Bestmögliche Förderung der Schüler, Unterstützung bei der persönlichen Entwicklung, Anregung zum selbstständigen Lernen sowie Stärkung kooperativen Lernens.

ASL zeichnen sich durch besondere Anregungsqualitäten aus. Zudem hat jeder ASL seine eigene, besondere „Ausstrahlung", die Schüler unterschiedlich kognitiv, emotional, affektiv sowie psychomotorisch anspricht. Möglicherweise zeigen sich Schüler dort von bislang unbekannten Seiten. So werden Optionen vorgehalten, die Schüler in ihrer Ganzheitlichkeit fördern.

ASL und differenziertes Lernen

Vor diesem Hintergrund kann an ASL differenziertes Lernen unterschiedlich zur Geltung gebracht werden.

1. **Kooperatives Lernen:** ASL initiieren einen kooperativen Unterricht. Diese Art des Unterrichts beschreiben PARADIES und LINSER folgendermaßen: „Kooperativen Unterricht nennt man diejenige Grundform des Unterrichts, in der Schülergruppen gemeinsam in einem verabredeten Zeitrahmen ohne die direkte Kontrolle durch den Lehrer an einer Aufgabe arbeiten." (PARADIES/LINSER 2016, 48) Das bedeutet größtmögliche

Schülerselbsttätigkeit in der gemeinsamen Kommunikation mit anderen bei gleichzeitiger Einhaltung abgesprochener Rahmenbedingungen. In diesem Sinne ist der Lernort nicht auf den Klassenraum beschränkt. Auf seine eigene Weise trägt er dazu bei, die Ziele des kooperativen Unterrichts zu realisieren: Sach- und Sozialkompetenz werden gleichermaßen gefördert, Handlungskompetenz, Solidarität sowie Kooperationsfähigkeit entwickelt, Selbst- und Fremdkontrolle sind ausgewogen balanciert.

2. **Differenzierung nach Sozialform:** Wie hervorgehoben, befördern ASL einen kooperativen Unterricht, der der Vielfalt der heterogenen Lerngruppe und dem Umgang mit der Unterschiedlichkeit entgegenkommt. Vor diesem Hintergrund können die Sozialformen der Partner- und Gruppenarbeit an ASL besonders zur Geltung gebracht werden (vgl. Scholz 2012, 51 ff.).

   Für die Partnerarbeit wird die Lerngruppe in Zweiergruppen aufgeteilt. Die jeweiligen Gruppen arbeiten vor Ort gemeinsam und selbstständig an einer Aufgabe. Dabei stehen folgende Kompetenzerwartungen im Vordergrund:

   1. Die Partnerarbeit fördert die kognitive Leistungsfähigkeit der Schüler. Die gemeinsame Auseinandersetzung mit der Aufgabe führt zu verstärktem mündlichen Sprachgebrauch durch gegenseitiges Erklären und Nachfragen, was wiederum zu einem tieferen Durchdringen und Verstehen der Sache führen kann.
   2. Die Partnerarbeit fördert die soziale Kompetenz der Schüler. Die Wahrnehmung von Verschiedenheit führt zu einem bewussten Umgang mit anderen Lernwegen und Meinungen. Von den bekannten Formen der Einteilung der Paare im Klassenunterricht kommen am ASL die Auslosung der Paare oder die eigene Wahl des Partners in Frage.

   Für die Gruppenarbeit wird die Lerngruppe in Kleingruppen (drei bis fünf Schüler) aufgeteilt. Die jeweiligen Gruppen arbeiten vor Ort gemeinsam und selbstständig an einer Aufgabe. Zurück im Klassenzimmer werden die Arbeitsergebnisse im Plenum präsentiert. Dabei stehen folgende Kompetenzerwartungen im Vordergrund:

   1. Die Gruppenarbeit fördert soziale und kommunikative Kompetenzen. Einander zuzuhören, andere Standpunkte kennenzulernen und die eigenen zu vertreten, Kompromisse zu schließen oder Gruppengespräche zu moderieren, sind wichtige Lernschritte im Umgang mit Heterogenität.

2. Die Gruppenarbeit fördert ebenso die Selbst- bzw. Reflexionsfähigkeit der Schüler. Der Schüler ist gehalten, sein eigenes Verhalten innerhalb der Gruppe zu bedenken. Inwieweit will er weiterhin seine Rolle nebst routinierten Verhaltensweisen, die er üblicherweise im Klassenverband einnimmt, spielen oder unter den gegebenen Bedingungen der Gruppenarbeit verändern?

Gegenüber der arbeitsgleichen Gruppenarbeit ist an ASL die arbeitsteilige Gruppenarbeit vorzuziehen. Abermals aufgrund ihrer Originalität haben ASL das Potenzial, Aufgaben- und Themenstellungen differenziert und variantenreich hervorzubringen. Die Gruppen erarbeiten jeweils andere Arbeitsaufträge bzw. andere Themen. Bei dieser Differenzierung ermöglichenden Organisationsform lernen die Gruppen die Vielfalt an Aspekten, Ebenen oder Dimensionen ein und desselben Themas kennen, die später im Plenum entfaltet und gemeinsam ausgewertet werden kann (vgl. SCHOLZ 2012, 54).

3. **Differenzierte Aufgabenkultur:** Im Diskurs um einen kompetenzorientierten Unterricht kommt der Individualisierung des Lernens und der Differenzierung der Lernwege eine prominente Bedeutung zu. Beide Anliegen können in einer kompetenzorientierten Aufgabenkultur realisiert werden. Je vielfältiger die Aufgaben, umso größer das Individualisierungs- und Differenzierungspotenzial!

Operatoren und Anforderungsniveaus

Eine differenzierende Aufgabenkultur regt Schüler kognitiv, affektiv und kreativ an und berücksichtigt verschiedene Anforderungsniveaus. Bestimmte Operatoren spiegeln die verschiedenen Anforderungsniveaus wider. Aufgaben des Anforderungsbereichs I (Reproduktion; Zusammenfassung und Wiedergabe) wollen bereits vorhandene Kenntnisse und Fertigkeiten abrufen. Hier gelangen Operatoren wie *benennen, skizzieren, formulieren, beschreiben* oder *zusammenfassen* zur Anwendung. Aufgaben des Anforderungsbereichs II (Reorganisation; selbstständiges Erklären und Anwenden gelernter Inhalte) verwenden Operatoren wie *einordnen, zuordnen, erläutern, herausarbeiten, vergleichen, analysieren.* Ihnen geht es darum, Verknüpfungen von fachbezogenen Lerninhalten herzustellen. Aufgaben des Anforderungsbereichs III (Problemlösung; Problemlösen und Urteil) sind an Operatoren wie *begründen, beurteilen, bewerten, prüfen, gestalten, entwerfen* erkennbar. Sie wollen zur durchdachten Auseinandersetzung mit einem Phänomen, das an einem ASL auffindbar ist, oder einem Problem, das mit dem ASL einhergeht, anregen und darüber zu selbstständigen Folgerungen, Deutungen oder Urteilen

hinsichtlich der zu lösenden Aufgabe auffordern. Die Angebotsvielfalt der Aufgaben berücksichtigt die unterschiedlichen Lernkanäle der Lernenden und spricht die Schüler an, die eher über das Sehen, über das Hören oder über das Handeln lernen. Dabei befördern die Aufgaben methodische Vielfalt. Sie motivieren Schüler, sich auf unterschiedliche Sozialformen einzulassen (s. o.) und unterschiedliche Handlungsmuster zu praktizieren, die die Selbstständigkeit sowie Selbsttätigkeit entwickeln können (z. B. vortragen, diskutieren).
Die Bearbeitung der Aufgaben soll im Rahmen und in den Grenzen des ASL realisiert werden können. Hier sind zeitökonomische Maßgaben zu beachten. Besuche zu ASL finden im Rahmen des Unterrichts statt. Somit ist der Aufenthalt am ASL zeitlich begrenzt, zumal immer sowohl der Hinweg zum Ort als auch der Rückweg zur Schule zu berücksichtigen sind. Darüber hinaus hat die Eigenart des ASL einen Einfluss auf die Aufgabenstellung. Der Besuch eines Flughafens lädt nicht gerade dazu ein, die Artenvielfalt der sich dort tummelnden Tiere aufzulisten, wohl aber die kulturelle Vielfalt der Reisenden wahrzunehmen und zu beschreiben. Der Aufenthalt im Wald lädt nicht dazu ein, die architektonische Besonderheit vorhandener Baumhäuser zu erarbeiten, wohl aber das ungefähre Alter unterschiedlicher Bäume wahrzunehmen und zu bestimmen.

4. **Perspektivendifferenzierung:** Wie bereits dargelegt (s. Kapitel 3.4), gilt es, an den ASL differenzhermeneutisch zu arbeiten, denn Schüler haben verschiedenartige Sichtweisen auf die Welt und Wirklichkeit, vielfältige Einstellungen zum Leben sowie Überzeugungen und Erfahrungen (vgl. Riegger 2017). Eine differenzierende Aufgabenkultur hat demzufolge differenzhermeneutische Aufgabenstellungen bereitzuhalten. Diese fördern die Diskurskompetenz und Urteilsfähigkeit der Schüler, indem sie z. B. einen Sachverhalt oder ein Problem, das deutlich an einem ASL zutage tritt, mehrperspektivisch zu diskutieren aufgibt. Der Besuch eines Friedhofs z. B. provoziert die Frage, wohin die auf Friedhöfen wahrnehmbare veränderte Bestattungskultur des 21. Jahrhunderts sowie die aufkommende Popularität von Online-Friedhöfen führen wird. Aufgaben des Anforderungsbereichs III (Problemlösung und Urteil) können zu Pro- und Kontra-Diskussionen herausfordern, die die Differenzen in den Ansichten und Meinungen der Schüler aufdecken und eine respektvolle und wertschätzende Streitkultur zu entwickeln helfen.

Impulse zur Selbstreflexion und zum kollegialen Austausch

1. Beurteilen Sie die bisherigen Lernort-Aktivitäten, die Sie gemeinsam mit Kollegen anderer Fächer durchgeführt haben.
2. Tauschen Sie sich darüber aus, welche Kompetenzen Sie bei Lernort-Erkundungen fächerübergreifend fördern können.

Literatur

BÖNSCH, MANFRED (2014): Heterogenität ist Alltag – Differenzierung ist die Antwort. Stuttgart

PARADIES, LIANE / LINSER, HANS JÜRGEN ([8]2016): Differenzieren im Unterricht. Cornelsen Verlag, Berlin, 48

RIEGGER, MANFRED (2017): Differenzhermeneutik praktisch. In: Katechetische Blätter 142 (2017), 205–209

SCHMOLL, UDO G. (2010): Begegnung als Schlüsselbegriff für fächerverbindendes Arbeiten mit und im evangelischen Religionsunterricht. In: PIRNER, MANFRED L. / SCHULTE, ANDREA (Hrsg.) (2010): Religionsdidaktik im Dialog – Religionsunterricht in Kooperation. Jena, 11–28

SCHOLZ, INGVELDE (2012): Das heterogene Klassenzimmer. Differenziert unterrichten. Göttingen

5 Didaktische und methodische *Must Haves*

In diesem Kapitel erwartet Sie zum Thema
- ein didaktisches und methodisches Repertoire zur Gestaltung eines Lernort-Alltags sowie
- ein idealtypischer Ablauf einer Erkundung.

5.1 Didaktischer Dreischritt der Nutzung außerschulischer Lernorte

Achtsamkeit für die Spezifik des ASL

Das von DRESCHER vorgelegte dreischrittige Modell der Nutzung von Lernorten hat sich mittlerweile bewährt und längst Einzug in den außerschulischen Lernorte-Alltag genommen (vgl. DRESCHER 1997, 413). Eine gute Vorbereitung des Lernortbesuchs, eine sorgfältige Durchführung des Unterrichts am Lernort sowie eine intensive Auswertung bzw. Nachbereitung und Rückkopplung zum Schulzimmer gehören zu einem guten Erkundungs-Alltag. Diese Maxime gilt insbesondere für Besuche zu außerschulischen Lernorten (ASL), die aufgrund ihrer Spezifik eine besondere Achtsamkeit und Sensibilität erfordern (z. B. Hospiz, Holocaustgedenkstätte) (vgl. TIEDEMANN 2013, 8f.).

In der Vorbereitungsphase kommen den Schülern die Aufgaben zu, Fragen zu finden, Problemstellungen zu entdecken, mögliche Ziele zu formulieren sowie anwendbare Methoden auszuwählen. Außerdem sind organisatorische Absprachen zu treffen sowie Verhaltensregeln aufzuzeigen. In der Durchführungsphase sammeln sie Eindrücke und Erfahrungen, sind handelnd tätig und verschriftlichen stichpunktartig ihre ersten Erkenntnisse. Dabei ist die Spezifik des Lernortes zu berücksichtigen sowie die Heterogenität der Lerngruppe durch Differenzierung der Arbeitsphasen, Sozialformen und Ergebnissicherungen in Anschlag zu bringen. In der Auswertungsphase rufen die Schüler ihre Erinnerungen ab, bringen ihre Ergebnisse gestalterisch zum Ausdruck und werten sie aus. Vorgängig ist darüber zu entscheiden, wo, in welcher Form und nach welchen Vorgaben die Auswertung erfolgen soll.

Dementsprechend fassen ERHORN und SCHWIER pointiert zusammen: Die Besuche zu ASL genügen nicht sich selbst. Die Einbindung in den Schulunterricht bzw. das außerunterrichtliche schulische Bildungsangebot ist unverzichtbar. Anderenfalls würden die vielen Orte des Lernens außerhalb der Schule ihren pädagogischen Wert einbüßen und zu beliebigen Eventstätten mit oberflächlichem Schauen und flüchtigem Erleben werden. Deshalb sind eine unterrichtliche Vorbereitungsphase sowie eine reflektierende Nachbereitung eine unbedingte Notwendigkeit, denn sie gewährleisten die Einordnung der außerschulischen Lernerträge in den bisherigen Wissenshaushalt der Schüler. Demnach reicht es auch nicht, sich mit dem hohen Motivationspotenzial der ASL zu begnügen. Fachdidaktische Inszenierungen sind unerlässlich, die die Bedeutung des ausgewählten Lerninhalts für die Lerngruppe sowie der damit verbundenen Ermöglichung von Erfahrung im Blick haben (vgl. ERHORN/SCHWIER 2016, 8).

5.2 Drei-Phasen-Modell der Integration außerschulischer Lernorte in den kompetenzorientierten (Fach-)Unterricht

Für alle Lernort-Erkundungen sind drei Phasen konstitutiv: Wahrnehmen, Deuten und Handeln. Hierbei stehen die sinnenhafte Wahrnehmung, das subjektiv Eindrückliche (Empfinden und Deuten) und das tätige Be-greifen (Handeln und Gestalten) im Vordergrund. Im Kontext des kompetenzorientierten Fachunterrichts finden diese drei Phasen ihre Entsprechung in der Wahrnehmungs-, Deutungs- und Handlungskompetenz, die es zu fördern gilt. Dementsprechend können die folgenden Kompetenzerwartungen benannt werden:

1. Wahrnehmungskompetenz
Die Schüler nehmen die an den Orten vorzufindenden Phänomene wahr, benennen und beschreiben sie entsprechend den ihnen gestellten Aufgaben.

2. Deutungskompetenz
Die Schüler deuten die an den Orten vorzufindenden Phänomene entsprechend den ihnen gestellten Aufgaben.

3. Handlungs- und Gestaltungskompetenz
Die Schüler können ihre Eindrücke und Deutungen entsprechend den ihnen gestellten Aufgaben kreativ gestalten und handlungsorientiert vor Ort präsentieren.

Zur Veranschaulichung mag das Theater als konkretes Beispiel dienen:

1. Wahrnehmungskompetenz
Die Schüler nehmen das Theater als eine kulturelle Einrichtung wahr und benennen seine kulturellen Funktionen als einen gesellschaftlich und anthropologisch relevanten Begegnungs- und Erfahrungsort.

2. Deutungskompetenz
Die Schüler vergleichen ihre reale Alltagswelt mit der fiktionalen Welt des Theaters.

3. Handlungs- und Gestaltungskompetenz
Die Schüler stehen alleine oder in einer Gruppe auf der Bühne und präsentieren vor ihren Mitschülern im Zuschauerraum ein zuvor eingeübtes Rollenspiel, das unter dem Motto „Die Rollen unseres Lebens“ steht. Das Rollenspiel orientiert sich an den Arbeitsprinzipien des Wahrnehmens, Erlebens, Improvisierens und Gestaltens, wofür das Theater zuvor die Schüler hat sensibilisieren können.

Unabhängig von den getroffenen didaktischen Vorentscheidungen erweist sich der Lernort in seinen Wahrnehmungs- und Deutungsoptionen als „souverän“ und „großzügig“. Mithin ist er anschlussfähig zu den inhaltsbezogenen Lernbereichen bzw. Lerndimensionen der Lehr- und Bildungspläne. Orte veranschaulichen Inhalte und Themen, werfen Fragen auf und provozieren Problemstellungen. Ebenso geben Orte vorgängig bestimmten Inhalten und Themen eine sichtbare Gestalt und Richtung. Sie motivieren die Schüler, prospektiv die Unterrichtsinhalte und Themen in Augenschein zu nehmen. Die didaktische Offenheit der Orte ermutigt demzufolge dazu, optional Lernabsichten zu formulieren, die sich in den Lernbereichen der Lehrpläne verorten lassen. Lernabsichten werden der konkreten Erkundungssituation eher gerecht, weil sie nicht vorgängig und vorschnell den Ort durch konkrete Zielvorgaben festschreiben und vereinnahmen.

5.3 Erkundung – so geht's!

Worin liegt für Sie die Qualität von Erkundungen

Die didaktische Qualität außerschulischen Lernens kann methodisch durch die Erkundung genutzt werden. Erkundungen können in allen Jahrgangsstufen und unterrichtlich vielfältig eingesetzt werden. So können sie variabel „in Gebrauch genommen werden“. Sie dienen im Sinne erster Annäherungen der Einführung in einen neuen Lernbereich oder ein neues Thema, während derer Informationen zu sammeln oder Erfahrungen abzurufen sind. Erkundungen in der Erarbeitungs- und Vertiefungsphase setzen die Vertrautheit der Schüler mit der Thematik bereits voraus. Aufgrund dessen können Fragestellungen gemeinsam entwickelt sowie Vorentscheidungen darüber getroffen werden, welche methodischen Zugänge ortsangemessen zu wählen sind. Erkundungen zum Abschluss einer Unterrichtseinheit oder eines Themenbereichs ermöglichen die Bündelung sowie Sicherung der Ergebnisse. Im Unterschied zur Exkursion, bei der die Lernenden eine vorgegebene Aufgabe zu bearbeiten haben, ist bei Erkundungen die Selbsttätigkeit der Schüler prioritär. Allerdings hat vor Ort auf jeden Fall eine intensive und konzentrierte Auseinandersetzung mit den Phänomenen und Sachen zu erfolgen.

Der idealtypische Ablauf einer Erkundung kann so aussehen:

Phase der Vorbereitung
Die Schüler bestimmen den Erkundungsinhalt selbstständig. Sie legen Arbeitsschritte fest, verteilen organisatorische Aufgaben und übernehmen Verantwortung für ihr Lernen. Dabei klärt die Lerngruppe vorgängig ihr bereits vorhandenes Wissen, formuliert gemeinsam eine Lernabsicht und entwirft einen Erkundungsauftrag. Bevor es losgeht, verständigt sich die Gruppe über organisatorische und technische Bedingungen.

Phase der Planung
Die Lerngruppe geht nun an die konkrete Planung der Erkundung. Hier können verschiedene Arbeitsaufträge entstehen, die in selbst gewählten Arbeitsgruppen selbstständig bearbeitet werden.

Phase der Durchführung
Nach Klärung der Fragen widmet sich die Gruppe der Durchführung. Nach Möglichkeit wird der inhaltliche und organisatorische Fahrplan eingehalten. Für nicht planbare Umstände steht die Lehrperson sensibel und beratend, allerdings nicht lenkend eingreifend, zur Verfügung.
Direkt nach der Erkundung sollte möglichst ein Abschlussgespräch – z. B. in Form eines Blitzlichts – stattfinden, in dem alle Beteiligten im freien Austausch ihre Eindrücke sammeln und ihre Ergebnisse kurz sichern. Die spätere erforderliche Weiterarbeit im Klassenraum kann durch ein vom Ort mitgebrachtes Souvenir erleichtert werden.

Phase der Auswertung/Präsentation
Zurück im Klassenraum rekonstruieren die Schüler kurz den Erkundungsablauf und rufen sich ihre Eindrücke in Erinnerung. Danach zieht sich jede Gruppe zurück und wertet ihre Ergebnisse aus. Der Verlauf der Erkundung und das ausgewertete Ergebnis werden – wie in der Planungsphase abgesprochen – dokumentiert und für eine Präsentation vorbereitet. Die Lehrkraft steht für alle Gruppen als Berater und Ansprechpartner bereit. Nach Abschluss der Vorbereitungen beginnt die Präsentation vor der Gesamtgruppe, für die ein reichhaltiges Methodenrepertoire zur Verfügung steht.

Phase des Feedbacks
Nach der Präsentation hilft ein gemeinsames Feedback, den Erkundungsgang kritisch zu reflektieren. Alle können gleichberechtigt ihre Meinung äußern. Um Nebensächlichkeiten zu vermeiden, sollte das Feedback mithilfe von Leitfragen gestaltet werden (vgl. SCHULTE 2013, 47; REICH 2006).

Impulse zur Selbstreflexion und zum kollegialen Austausch

1. Beurteilen Sie die Relevanz des didaktischen Dreischritts sowie des Drei-Phasen-Modells für Ihr Fach.
2. Nehmen Sie diese didaktischen und methodischen *Must Haves* zum Anlass, mehr über die mit Lernort-Erkundungen verbundenen Anliegen anderer Fächer zu erfahren.

Literatur

DRESCHER, REINHOLD (1997): Didaktik. Sinnmitte unterrichtlichen Handelns. Grundlegung, Unterrichtsprinzipien, Handlungsempfehlungen. Ansbach

ERHORN, JAN / SCHWIER, JÜRGEN (2016): Außerschulische Lernorte. Eine Einleitung. In: ERHORN, JAN / SCHWIER, JÜRGEN (Hrsg.) (2016): Pädagogik außerschulischer Lernorte. Eine interdisziplinäre Annäherung. Bielefeld, 7–13

REICH, KERSTEN ([3]2006): Konstruktivistische Didaktik. Lehr- und Studienbuch mit Methodenpool. Weinheim/Basel

SCHULTE, ANDREA (2013): Jeder Ort – überall! Didaktik außerschulischer religiöser Lernorte. Stuttgart

TIEDEMANN, MARKUS (2013): Außerschulische Lernorte im Philosophie- und Ethikunterricht. In: TIEDEMANN, MARKUS (Hrsg.) (2013): Themenheft Außerschulische Lernorte. Zeitschrift für Didaktik der Philosophie und Ethik. Heft 1 (2013), 3–10

Rund um den außerschulischen Lernort – methodische Impulse

6

In diesem Kapitel erwartet Sie zum Thema
- der Entwurf eines *Lernort-Erkundungsbuchs* zur Selbstevaluation der Schüler sowie
- eine zweifache Ermutigung zum Gebrauch des bereits bewährten und vertrauten Methodenrepertoires sowie der Erprobung neuer Methoden.

In großzügiger Auslegung der Einteilung in allgemein-methodische Grundformen, die HILBERT MEYER in Sachen *Methoden* vorgenommen hat, ordne ich den Besuch eines außerschulischen Lernortes (ASL), ob als Unterrichtsgang oder Erkundung, den methodischen Großformen zu (vgl. MEYER 1988). Großformen integrieren allerdings auch die verschiedenen Gestaltungen der Gruppenarbeit. Als Sozialform sind diese in ihrer Orientierung an der Beziehungs- und Kommunikationsstruktur des Unterrichts besonders für die Arbeit an ASL von großer Bedeutung.

Methoden sind keineswegs als ziel- oder inhaltsneutral anzusehen. Nach BÖNSCH gestalten Unterrichtsmethoden Wege, stecken Trassen ab zum Lernen. Weg als Metapher für *Methode* zeigt sich hier als affin zum Ort, den es zu erkunden gilt und an dem sich Bildung und Lernen höchst dynamisch ereignen können:

„Methoden des Unterrichts bekommen eine ganz andere Rahmenvorgabe und Ausprägung, wenn Lernen verstanden wird als Auseinandersetzung mit Sachverhalten, als Entdecken von Fragestellungen, als Versuchen und Experimentieren, als selbstständiger Umgang mit Lernmaterialien." (BOENSCH, MANFRED (1997): Das Methodenrepertoire ausschöpfen. In: HAARMANN, DIETER (Hrsg.): Handbuch Elementare Schulpädagogik. Handlungsfelder institutionalisierter Grund- und Allgemeinbildung in den Klassen 1 bis 10. Weinheim/Basel: Beltz, 145)

Im Kontext von ASL kommt solchen Lernwegen eine besondere Bedeutung zu, die den Erfahrungshorizont der Schüler zu erweitern und sie zu einem reflektierten Umgang mit eigenen und fremden Erfahrungen des Lebens anzuregen vermögen. Solche Lernwege regen die Sinne, die Emotionalität und Sozialität der Schüler an.

Das Methodenrepertoire ausschöpfen! – Diese bereits 1997 von MANFRED BÖNSCH ausgesprochene Empfehlung bzw. Handlungsanweisung für Lehrkräfte gilt erst recht für die Arbeit am ASL. Alle Phasen des Lehr-Lern-

Prozesses rund um den ASL können durch vielfältige Methoden unterstützt werden, die wiederum die Anbahnung, den Erwerb sowie den Ausbau von Kompetenzen befördern können. Mithin können und sollen Lehrkräfte auf das ihnen vertraute und bewährte Methodenrepertoire zurückgreifen und Methoden auswählen, die für die einzelnen Phasen der Erkundung geeignet sind. Lernort-Besuche sind allerdings auch willkommene Anlässe, um in der einschlägigen Literatur über Unterrichtsmethoden nach neuen, innovativen und kreativen, lernortgeeigneten Methoden zu suchen und langfristig eine entsprechende Methodenkartei anzulegen.

Ein umfängliches und vielfältiges Methodenrepertorie anlegen

6.1 Methodischer Auftakt – das Lernort-Erkundungsbuch

Das Lernort-Erkundungsbuch dient der Beobachtung, Dokumentation und Reflexion des individuellen Lernwegs der Schüler und sollte vor Beginn der Erkundung, während der Erkundung und zum Abschluss eingesetzt werden (s. Kopiervorlage: Lernorte Erkundungsbuch, S. 62 bis 65). Es dient der Selbstevaluation der Lernenden. Daher sollte es nicht korrigiert oder bewertet werden.

Worin sehen Sie die Funktion eines Lernort-Erkundungsbuchs

Das Erkundungsbuch unterstützt nachhaltiges Lernen. Auch die Erkundung ist in einen kompetenzorientierten Fachunterricht eingebettet. Die im gesamten Prozess der Erkundung anzustrebenden Fähigkeiten und Fertigkeiten dienen letztendlich dazu, um bestimmte Anforderungen bewältigen zu können. Deswegen ist die Frage: „Was kann ich jetzt und wozu brauche ich das?“ wie auch diejenige nach dem Zweck des erworbenen Wissens („Was weiß ich jetzt und wobei hilft mir mein Wissen?“) von prominenter Bedeutung. Vor dem Einsatz des Erkundungsbuchs und vor der Erkundung sollten diese Fragen an konkreten Beispielen verdeutlicht werden. So könnte ein möglicher Schülereintrag sein: „Ich kann ein Rathaus von einer Kirche unterscheiden, damit ich eine standesamtliche Heirat von einer kirchlichen Hochzeit unterscheiden kann.“

In die Rubrik „Mein Spickzettel“ können Schaubilder, Zeichnungen, Informationen, aber auch ein Gedicht oder Wortmalereien eingetragen werden. Sie kann den Schülern als ein zusammenfassender Lernort-Rückblick dienen.

Die Rubrik „Platz für Kommentare“ kann von einer Person des Vertrauens (Eltern, Freund, Lehrerin) ausgefüllt werden. Sie kommentiert allerdings nicht die Ergebnisse des Erkundungsbuchs (!), sondern aus ihrer Sicht den jeweiligen Lernweg des Schülers. Mögliche Kommentare wären: „Meine Tochter hat lange und ausführlich über den Ausflug erzählt und mir den Ort haarklein erklärt." oder: „Der Lernort ist für meinen Sohn überhaupt nicht mehr interessant, da er ihn in der Grundschule schon zweimal besucht hat."

6.2 Impulse für die Phase der Vorbereitung und Planung

Mit der Expertise der Schüler rechnen

Schüler sind keine Weltneulinge, wenn sie einen außerschulischen Lernort (ASL) besuchen, d. h. das Rad, sprich: der ASL wird nicht neu erfunden. Sie verfügen bereits über ein gewisses Vorwissen und haben vielfältige Vorstellungen respektive Konzepte über den Ort. Vorwissen und Präkonzepte sind für die konkrete Planung zu eruieren. Über den Austausch des Vorwissens sowie der Erfahrungen erfolgt die erste inhaltliche Annäherung bzw. Auseinandersetzung mit dem thematisch-inhaltlichen Schwerpunkt des bevorstehenden Besuchs.

Im Lernort-Erkundungsbuch sind bereits die eigenen Erwartungen, das vorhandene Wissen, die aufkommenden Fragen sowie die eigenen Pläne zu dokumentieren. Darüber hinaus nenne ich exemplarisch für die vielen alltagsnahen diagnostischen Verfahren die populäre Methode der *Mindmaps,* bei denen in der Gruppe oder einzeln die Gedanken zum Lernort gesammelt werden können (s. Kopiervorlage: Mindmap, S. 66).

6.3 Impulse für den Aufenthalt vor Ort

Am außerschulischen Lernort (ASL) selbst markiert das Drei-Phasen-Modell *Wahrnehmen, Deuten und Handeln* bzw. *Gestalten* einen angemessenen didaktisch-methodischen Erschließungsweg (s. Kap. 9.2, S. 140).

Variantenreiche Erschließungswege

Je nach Lernort können die Erschließungsschritte variieren. Ebenso können die Phasen dem Artikulationsschema angepasst werden, das im Kapitel 5 als idealtypischer Ablauf einer Erkundung vorgestellt wurde. Die Veränderungen richten sich jeweils nach den Lernabsichten sowie der Spezifik des Lernorts. In öffentlichen Gebäuden mit Publikums- und Besucherverkehr (Museum, Kunsthalle, Rathaus) oder Synagogen, Moscheen, Kirchen empfiehlt sich z. B. die 3. Phase der gestalterischen Verdichtung mithilfe „stiller" Methoden (z. B. Formen des kreativen Schreibens).

Darüber hinaus eignen sich etliche ASL für *Lernort-Stationen* (z. B. Wald). Dann wird das aus dem Unterricht bekannte Lernen an Stationen den Gegebenheiten des Ortes angepasst, wenn er sich prinzipiell für diese Erschließung eignet. Vorgängig ist allerdings grundsätzlich zu überlegen, was man dem Ort mit dieser Methode „antut". Es besteht die Gefahr, ihn dadurch exklusiv pädagogisch-didaktisch zu vereinnahmen und ihn auf diesem Wege zu zweckentfremden.

Wenn während des Aufenthalts am Ort eine Begegnung mit Menschen vorgesehen ist, die dort ihren Arbeitsplatz haben und ihrem Beruf nachgehen bzw. insgesamt ortskundig sind, dann kommt z.B. aus Gründen der Berufswahl-Orientierung oder Praktikums-Vorüberlegungen dem *biografischen* bzw. *professionsorientierten Interview* eine besondere Bedeutung zu. Die Schüler bereiten das Interview im Unterricht gut vor. Aus arbeitsökonomischen Gründen empfiehlt es sich, das Interview als Gruppe vorzubereiten, durchzuführen und für eine Präsentation aufzubereiten (s. Kopiervorlage: Interview, S. 67).

Die bislang angestellten Überlegungen zum Lernen vor Ort sind Bausteine der Dokumentation des Arbeitens vor Ort. Während der Erkundung sind überdies Arbeitsschritte zur Vorbereitung auf die Nachbereitung im Unterricht zu gehen. Auch hier ist der Methodenschatz fast unermesslich: Fotos und Tonaufnahmen, „Blitzlichter", Notizen und Skizzen, Protokolle, Souvenirs. Exemplarisch führe ich die Methode der Pecha Kucha an, für die während der Erkundung 20 Motive des Ortes zu fotografieren sind (s. Kopiervorlage: Pecha Kucha, S. 68).

6.4 Impulse für die Nachbereitung im Unterricht

Eine intensive Nachbereitung der Erkundung im Unterricht ist unverzichtbar. Hier geht es um die (kritische) Reflexion der Erfahrungen und des Einsatzes von Methoden vor Ort. Die Vergegenwärtigung und Reflexion des am ASL Wahrgenommenen kann über Methoden wie die Mindmap (Kopiervorlage: Mindmap, S. 66) oder eine Reizwörtergeschichte (Kopiervorlage: Reizwörtergeschichte, S. 69) erfolgen. Die Ergebnisse können ebenso zur vertiefenden Weiterarbeit genutzt werden.

Dann sind die vor Ort erstellten Dokumente aufzubereiten und auszuwerten. Die Präsentation zur weiteren unterrichtlichen Vertiefung sowie zum kommunikativen Austausch kann gut in Gruppen vorbereitet werden. Auch hier können wieder vielfältige Methoden genutzt werden. Im Großen und Ganzen lassen sich die Methoden zwei Gruppen zuordnen. Am umfänglichsten ist die Gruppe der schriftsprachorientierten Methoden. Eine weitere Gruppe umfasst die Methoden, mit denen Schüler ihre Begegnung und Auseinandersetzung mit dem ASL quasi zur Aufführung bringen (z.B. Standbild, Rollenspiel, Pro- und Kontra-Talkshow, Sprechmotette). Es sind mithin szenische Interpretationen, die den Lernort auf je eigene Weise der beteiligten Schüler in Bewegung bringen. In Auswahl seien genannt, die Pro- und Kontra-Talkshow (s. Kopiervorlage: Pro- und Kontra-Talkshow, S. 70) sowie ein Museumsspaziergang (s. Kopiervorlage: Museumsspaziergang, S. 71).

Abschließend sind die Erkundung sowie die daraus entstandenen Ergebnisse als „bildende Erträge oder Lernfrüchte" zu reflektieren und auf deren mögliche Einbindung und Übertragung in die fachspezifischen Lernbereiche hin zu bearbeiten.

Gleichwertigkeit aller Phasen

Alles in allem mag zwar in der Trias von Vorbereitung und Planung, Erkundung sowie Nachbereitung der Besuch eines ASL für die Schüler als Highlight empfunden werden. Er ist aber alles andere als „Rausgehen einfach so". Alle Phasen sind konstitutiver und gleichwertiger Bestandteil einer Didaktik außerschulischer Lernorte, die sich der an sie gestellten Ansprüche sowie erhobenen Erwartungen bewusst ist.

Impulse zur Selbstreflexion und zum kollegialen Austausch

1. Diskutieren Sie den vorgeschlagenen Entwurf eines Lernort-Erkundungsbuchs und entwickeln Sie gegebenenfalls ein eigenes, das Sie fächerübergreifend für eine Jahrgangsstufe nutzen können.
2. Tauschen Sie sich über die Methoden aus, die Sie und Ihre Kollegen vor, bei und nach Lernort-Erkundungen anwenden, und legen Sie langfristig eine Methodenkartei an, auf die alle Kollegen bei Lernort-Erkundungen zurückgreifen können.

Literatur

Meyer, Hilbert (1988): Unterrichts-Methoden I. Frankfurt/M.

Bönsch, Manfred (1997): Das Methodenrepertoire ausschöpfen. In: Haarmann, Dieter (1997): Handbuch Elementare Schulpädagogik. Handlungsfelder institutionalisierter Grund- und Allgemeinbildung in den Klassen 1 bis 10. Weinheim/Basel, 131–164

Hahn, Matthias / Schulte, Andrea (Hrsg.) (2013): reli plus 1. Evangelische Religion. Lehrerband mit CD-Rom. Stuttgart, 21–25 (Die vorgestellten Methoden finden sich vornehmlich in diesem Band.)

Name: Klasse: Datum:

Lernorte-Erkundungsbuch (1)

1. Meine Erwartungen

Von der bevorstehenden Erkundung ______ (Ort) erwarte ich:

Zu diesem Ort fällt mir ein: ______

Folgendes ist mir über den Ort bekannt: ______

Folgende Fragen habe ich zu dem Ort: ______

Folgendes nehme ich mir für die Erkundung vor: ______

Name: Klasse: Datum:

Lernorte-Erkundungsbuch (2)

2. Meine Erkundung des Ortes ______________________________ (Name)

Folgendes habe ich heute erkundet/erforscht: ______________________________

____

____

Folgendes habe ich gerne gemacht: ______________________________

____

Folgendes hat mir weniger Freude gemacht: ______________________________

____

Das weiß ich jetzt und dabei hilft mir das Wissen: ______________________________

____

____

Das kann ich jetzt und dazu brauche ich das Können: ______________________________

____

____

Folgendes verstehe ich nicht / kann ich nicht: ______________________________

____

____

Mein Memo (auch Zeichnungen, Schaubilder, Gedichte, Skizzen, …): ______________________________

____

____

____

Name: Klasse: Datum:

Lernorte-Erkundungsbuch (3)

3. Meine Abschlussdokumentation

Meine Erwartungen an die Erkundung ______________________ (Name des Ortes)

haben sich erfüllt / nicht erfüllt, weil … (Zutreffendes unterstreichen) ______________________

____

____

Dies sind meine noch offen gebliebenen Fragen: ______________________

____

____

____

Dies sind meine Fragen zum Nachdenken: ______________________

____

____

____

Folgendes habe ich gerne gemacht:

Bei der Vorbereitung auf die Erkundung: ______________________

____

____

Während der Erkundung: ______________________

____

____

Nach der Erkundung zurück in der Schule: ______________________

____

____

Folgendes hat mir weniger Freude gemacht:

Bei der Vorbereitung auf die Erkundung: ______________________

____

____

Während der Erkundung: ______________________

____

____

Name: Klasse: Datum:

Lernorte-Erkundungsbuch (4)

Nach der Erkundung zurück in der Schule: ______

Das weiß ich jetzt über den Ort und dabei hilft mir das Wissen: ______

Das habe ich Neues an mir entdeckt / über mich erfahren und dabei können mir diese Erfahrungen im Alltag helfen: ______

Das kann ich jetzt und dazu brauche ich das Können: ______

Kommentar der Person meines Vertrauens: ______

Daran möchte ich weiterarbeiten: ______

Name: Klasse: Datum:

Methodenkarte Mindmap

Ziel: Mit einer Mindmap (deutsch: Gedankenlandkarte) sammelst du / sammelt ihr Schlagworte, die du/ihr mit dem Zielort verbindest/verbindet, den wir besuchen werden, und bringst/bringt sie in einer Skizze zu Papier.

So gehst du / geht ihr vor:

1. Zuerst legst du / legt ihr ein Blatt Papier quer und schreibst/schreibt den Namen des Ortes in die Mitte. Das ist der „Stamm".
2. Dann ordnest du / ordnet ihr die wichtigsten Schlagworte um die Mitte herum. Du verbindest / ihr verbindet sie mit dem Namen des Ortes mit dicken Strichen, den „Ästen".
3. Danach werden deine/eure Gedanken und Ideen, die zu den wichtigsten Schlagworten passen, mit dünnen Strichen, den „Zweigen", den Schlagworten zugeordnet.
4. Dann prüfst du / prüft ihr, ob alle Äste und Zweige richtig zugeordnet sind und ob weitere Gedanken und Ideen fehlen.
5. Überlege/überlegt, ob du/ihr weitere Verbindungen zwischen den Ästen und Zweigen entdeckst/entdeckt. Verbinde/verbindet sie mit Pfeilen und Symbolen.

Hier ist Platz für die Mindmap

Name: Klasse: Datum:

Interview

1. Wen interviewen wir? ______________________________ (Name)

2. Welche Berufsbezeichnung hat Frau/Herr …?

____

3. Welches Interesse haben wir? Warum interviewen wir Frau/Herrn …?

____

4. Zu den Fragen im Interview. Bitte schreibt auf die Rückseite oder auf ein gesondertes Blatt.

a) Welche (ein bis zwei) Fragen stellen wir zu Beginn des Interviews?

b) Welche Fragen möchten wir im Verlauf des Interviews unbedingt stellen?

c) Mit welchen Fragen möchten wir am Ende des Interviews Frau/Herrn ______________ die Möglichkeit geben, selbst noch etwas zu sagen?

d) Welche Fragen dürfen wir auf keinen Fall stellen (peinliche und verletzende Fragen)?

5. Wer schreibt mit? (Stichpunkte) ______________________________

Wer nimmt das Interview auf? ______________________________ (Erlaubnis einholen)

Wer stellt die Fragen? ______________________________

6. Welche Regieanweisungen geben wir uns? (Konkrete mündliche Absprachen, die eingehalten werden.) (Anlass des Interviews – eigenes Verhalten, Umgangsformen – Interesse und Aufgeschlossenheit zeigen – Fragen möglichst nicht ablesen – eine Frage nach der anderen stellen – Zeit zur Antwort geben – Verhalten bei Unklarheiten)

7. Wie verabschieden wir uns angemessen von Frau/Herrn ______________________________

(evtl. Erlaubnis einholen zur Veröffentlichung von Auszügen)? ______________________________

____

____

8. Wie sehen unsere nächsten Schritte zur Vorbereitung der Präsentation in der Schule aus? (Entscheidung über die Form der Präsentation – Verteilung der Aufgaben – Vorbereitung – „Generalprobe" – Präsentation vor der Lerngruppe)

____

____

____

9. Welche Rückmeldungen geben wir uns nach der Präsentation? (Planung und Durchführung des Interviews – Einschätzung der Präsentation – mögliche Verbesserungen für das nächste Mal)

____

____

____

Name: Klasse: Datum:

Methodenkarte Pecha Kucha

Ziel: Eine Pecha Kucha (sprich: Petscha Kutscha) hilft euch, dass ihr euch bei eurem Vortrag bzw. eurer Präsentation auf das Wesentliche konzentriert:

So geht ihr vor:

1. Ihr habt 20 Fotos an dem Ort gemacht, den wir besucht haben.
2. Nun stellt ihr euch untereinander die Fotos vor, die ihr gemacht habt. Dann wählt ihr aus allen Fotos 20 aus, die ihr in eurer Präsentation zeigen wollt.
3. Bringt die Fotos in eine sinnvolle Reihenfolge und notiert zu jedem Foto ein Stichwort, das etwas über den besuchten Ort aussagen soll.
4. Nun fügt ihr die Fotos in eine digitale Präsentation ein und legt einen automatischen Folienwechsel nach jeweils 20 Sekunden fest.
5. Jetzt schaut ihr euch eure Präsentation an und legt untereinander fest, wer zu welchem Foto etwas sagen möchte. Dann übt ihr, in der festgelegten Reihenfolge einen flüssigen Vortrag mithilfe der notierten Stichworte zu den einzelnen Fotos zu halten.

Aufgepasst: Beschreibt nicht, was alle selbst sehen können, sondern gebt eine zusätzliche Information. Beispiel: Sagt nicht: „Das ist der Eingang zum Zoo", sondern: „Bei jedem 20. Besucher, der durch den Eingang zum Zoo geht, ertönt ein Signal wie ein Tierlaut."

6. Abschließend präsentiert ihr eure Pecha Kucha vor der Gesamtgruppe und bittet um eine Rückmeldung dazu. Die Rückmeldung sollte euren Arbeitsaufwand und eure Ideen berücksichtigen.

Platz für Notizen

Name: Klasse: Datum:

Methodenkarte Reizwörtergeschichte

Ziel: Bei einer Reizwörtergeschichte entsteht durch verschiedene Wörter, die zu unserem besuchten Ort passen, eine spannende Geschichte mit unerwarteten Wendungen.

So geht ihr vor:

1. In Gruppen- oder Partnerarbeit entscheidet ihr euch für fünf bis sieben Wörter. Das sind eure Reizwörter. Schreibt sie auf.

2. Nun schreibt ihr eine kurze Geschichte zu dem Ort und versucht, alle Reizwörter sinnvoll in diese Geschichte einzubauen. Das gelingt am besten, wenn ihr ein Wort pro Satz einbaut.
3. Wenn ihr fertig seid, stellt ihr euch gegenseitig eure Reizwörtergeschichten vor.

Beispiel: Museum

Bilder – Vitrinen – Gruppen – Aufsichtspersonal – Ruhe

Möglicher Anfang: In Gruppen sind wir …

Name: Klasse: Datum:

Methodenkarte Pro- und Kontra-Talkshow

Ziel: Eine Pro- und Kontra-Talkshow dient dazu, sich im Argumentieren zu üben und unterschiedliche Perspektiven einzunehmen.

So geht ihr vor:

1. Zunächst bildet ihr drei bis sechs Gruppen, je nachdem, welche Rolle die jeweilige Gruppe einnehmen möchte: eine Moderatoren-Gruppe und zwei bis fünf Gäste-Gruppen.
2. Jede Talkshow-Gäste-Gruppe
   - nimmt die Rolle einer bestimmten Person oder Personengruppe ein und notiert sich wichtige Kennzeichen der Person: Name, Alter, Familienstand, Lebensmotto …,
   - setzt sich in dieser Rolle mit den Argumenten oder Problemen auseinander, die diskutiert werden sollen, sammelt Argumente und Beispiele zur Verstärkung der Argumente,
   - hält die wichtigsten Stichworte schriftlich fest.
3. Die Moderatoren-Gruppe notiert sich Anstöße für die Gesprächslenkung. Dabei beschäftigt sie sich mit den Inhalten der Diskussion und stellt sich auf die Gäste der Talkshow ein.
   - Begrüßung und Vorstellungsrunde
   - offene Fragen
   - zusätzliche Impulse (Bilder, Experte am Telefon …)
   - Schlussworte
4. Anschließend kommt die gesamte Gruppe zu der Talkshow zusammen.
   - Jede Gruppe schickt einen Vertreter oder eine Vertreterin in die Talkshow-Runde.
   - Die anderen sind aufmerksame und engagierte Zuschauer.
5. Die Vertreter der einzelnen Gruppen diskutieren in ihren unterschiedlichen Rollen über ein vorgegebenes Thema zum besuchten außerschulischen Lernort.
   Wie im Fernsehen
   - werden sich die Personen am Anfang der Show vorstellen,
   - sind alle aufgefordert, einen Talk-Beitrag zu leisten,
   - ist der Zeitrahmen für jeden Talk-Beitrag einzuhalten,
   - fasst der Moderator zum Abschluss die wichtigsten Ergebnisse des Talks zusammen.
6. Die Zuschauer und Zuschauerinnen beteiligen sich an der Talk-Runde, indem sie Fragen oder Hinweise auf Zetteln einreichen.

Platz für Notizen

Name: Klasse: Datum:

Methodenkarte Museumsspaziergang

Ziel: Diese Methode dient dem Abschluss einer Gruppenarbeit. Der Museumsrundgang ermöglicht euch, eure eigenen Arbeitsergebnisse zu präsentieren sowie die Ergebnisse der anderen Gruppen kennenzulernen.

So geht ihr vor:

1. Ihr habt die Arbeitsergebnisse eurer Gruppenarbeit übersichtlich zusammengefasst, z. B. in einem Plakat oder Bild. Ihr hängt sie im Klassenraum auf oder legt sie auf Tischen aus. Plakate oder Bilder sind nun Ausstellungsstücke, mit denen ihr achtsam und sorgfältig umgeht.
2. Ihr schaut euch die ausgestellten Materialien in Ruhe an und lest die Informationen, die ihr darauf findet. Ihr könnt auch leise über die ausgestellten Arbeiten sprechen.
3. Beobachtungen, die euch wichtig erscheinen, schreibt ihr unten auf.
4. Nach einer vorab vereinbarten Zeit, z. B. nach 20 Minuten, endet der Museumsrundgang.

Plus:
Ihr könnt ein Mitglied eurer Arbeitsgruppe zum Experten bestimmen. Der Experte steht den Besuchern während des Rundgangs für Fragen zu eurem Plakat oder Bild zur Verfügung.

Platz für Notizen

7 Außerschulische Lernorte – Beiträge aus der Praxis ausgewählter Unterrichtsfächer

In diesem Kapitel erwartet Sie zum Thema
- eine Auswahl von Beiträgen über praxiserprobte Erkundungen in den geistes- und gesellschaftswissenschaftlich orientierten Unterrichtsfächern sowie
- ein Überblick über die jeweilige Bedeutung, die das Lernen an anderen Orten für die Unterrichtsfächer haben kann.

Nachfolgend werden exemplarisch Erkundungen zu außerschulischen Lernorten (ASL) vorgestellt, die aus der Praxis ausgewählter geistes- und gesellschaftswissenschaftlicher Unterrichtsfächer stammen. Bis auf wenige Ausnahmen bezieht sich die getroffene Auswahl auf eher alltägliche und unspektakuläre Orte, die durchweg im Nahraum der Schule vorzufinden sind. Lehrkräfte können somit eher motiviert sein, Erkundungen mit ähnlichem Zuschnitt zu realisieren. Die Praxisbeispiele lassen gut erkennen, dass uns häufig das Gegebene und Vorfindliche „draußen vor der Tür" so vertraut und selbstverständlich vorkommt und wir allzu oft darüber hinwegsehen, obwohl gerade der „familiäre" Ort vielfältig und originell zu lernen (auf-)gibt, Entdeckungen initiiert sowie Erfahrungen ermöglicht.

Gestaltung der Beiträge

Die Beiträge sind formal einheitlich gestaltet. Dadurch bleiben sie vergleichbar und übersichtlich. Die jeweiligen Überschriften beanspruchen, aussagekräftig und anregend zu sein. Zuallererst wird der Lernort genannt und einem entsprechenden Bildungsbereich und Unterrichtsfach zugeordnet. In etlichen Bundesländern wurde mittlerweile die Einteilung in Unterrichtsfächer zugunsten von Fächerverbünden aufgegeben. Mit der vorbezeichneten Doppelnennung kann somit der Lernort auf jeden Fall zugeordnet werden. Anschließend folgen eine kurze Einführung, die die Bedeutung des jeweiligen Lernortes herausstellt, sowie Angaben zur Eignung des Ortes hinsichtlich der Lerngruppe und zum veranschlagten Zeitumfang für die Erkundung. Entsprechend des kompetenzorientierten Ansatzes werden die Besonderheiten und die Anforderungen des Ortes knapp zusammengefasst sowie Kompetenzerwartungen formuliert. Die Rubrik „Was ist zu tun?" verdeutlicht den prinzipiellen Ablauf der Erkundung und gibt wichtige ausgewählte Informationen, Hinweise und praktische Hilfen zum Lernarrangement. Die Rubrik „Was ist zu beachten?" listet mögliche Probleme, Hindernisse und Herausforderungen auf, die sich bei der Erkundung ergeben können. Methodische Tipps und Vorschläge zur Weiterarbeit im Unterricht nach der Erkundung sowie Vorschläge zum fächerübergreifenden bzw. fächerverbindenden Lernen runden den jeweiligen Beitrag ab. Am Ende des Kapitels finden Sie einige Kopiervorlagen zu den einzelnen Erkundungen.

7.1 Die Bedeutung außerschulischer Lernorte für den Deutschunterricht

Sprachbildung im Deutschunterricht

Die Sprache steht im Mittelpunkt des Deutschunterrichts. Neben der Förderung sprachbezogener Kompetenzen (Lese-, Schreib-, kommunikative Kompetenz) geht es vornehmlich darum, in Sprache und mit Sprache Wirklichkeit zu beschreiben und herzustellen. Der Umgang mit literarischen Texten ist durch Textrezeption anzubahnen. Kreative Methoden der Textproduktion sollen neue, handlungsorientierte Ansätze eröffnen. Sprachsensibilisierung, Erfahrungserweiterung sowie Wirklichkeitserschließung sind prominente Lerndimensionen des Deutschunterrichts.

Vor diesem Hintergrund ist es nicht verwunderlich, dass die Lehr- und Bildungspläne für den Deutschunterricht in den Jahrgangsstufen 5 bis 10 häufig die gleichen außerschulischen Lernorte (ASL) zur Erkundung empfehlen: Bibliotheken, Museen, Ausstellungen, Theater(-aufführungen) und Medienzentren (Verlage, Redaktionen von Lokalzeitungen).

Da Jugendliche *per se* ein großes Interesse an der Medienwelt und -kultur haben, ist der Besuch eines Verlags bzw. einer Lokalzeitung naheliegend. Er unterstützt das Anliegen des Deutschunterrichts, in Sprache und mit Sprache Wirklichkeit zu beschreiben und herzustellen. Schüler gewinnen Einblicke in das Kerngeschäft der Medienzentren, Informationen im Medium der Sprache zusammenzustellen und die dafür notwendigen Produktionswege bereitzustellen. Begegnungen mit Ansprechpartnern vor Ort, die für die verschiedenen Arbeitsbereiche zuständig sind (z. B. Redaktion, Verwaltung, Design, Druckerei), ermöglichen Gespräche über Themen, die für den Deutschunterricht von prominenter Bedeutung sind: die gesellschaftlich bedingten Entwicklungen und Veränderungen von Sprache, die manipulative Kraft von Medien *(Fake News)*, die kritisch zu reflektierende Rolle und Bedeutung von Massenmedien, die kritische Haltung zu eigenem Medienkonsum. Zurück im Klassenzimmer legt die Erkundung nahe, produktionsorientierte Gestaltungsaufgaben zu bearbeiten. So könnten adressatenbezogene Zeitungsartikel, Leserbriefe, Rezensionen, Interviews oder Kommentare entstehen, die den formalen und inhaltlichen Kriterien der jeweiligen Textgattung zu genügen hätten und die vielfältigen Wege der Wirklichkeitserschließung aufzuzeigen vermögen.

7.1.1 „Die App-solut coole Büchereirallye"

Stefanie Pfister

Ausgewählter Lernort: Stadtbücherei

Welchem Bildungsbereich ist der Ort zuzuordnen und an welches Unterrichtsfach ist er vorrangig angebunden?

Die Erkundung zur Stadtbücherei ist dem Bereich *Deutsch, Mathematik* und *Fremdsprachen* zuzuordnen. Er ist vorrangig an das Fach Deutsch angebunden.

Welche (exemplarische) Bedeutung hat der Lernort im Deutschunterricht?

Bibliotheken als „gefährliche Brutstätten des Geistes" unterstützen das Anliegen des Deutschunterrichts, die Lesekompetenz der Schüler zu fördern, respektive zum Lesen zu erziehen. Der in Bibliotheken vorhandene Bestand an Literatur eröffnet Kindern und Jugendlichen ein unerschöpfliches Universum von Erfahrungen, die Schriftsteller und Autoren in ihren Werken als persönliche Erfahrungen, als Erfahrungen mit anderen Menschen, mit ihrer Zeit sowie ihrer Gesellschaft zum Ausdruck bringen (vgl. LANGENHORST/LANGENHORST 2010, 62).

Darüber hinaus motivieren Bibliotheken zur Reflexion über die zeitgemäßen Potenziale und Grenzen von Sprache.

Für welche Jahrgangsstufe(n) ist die vorgestellte Erschließung des Lernortes vornehmlich geeignet?

Die Erkundung eignet sich insbesondere für die Jahrgangsstufen 5 bis 6.

Welcher Zeitumfang sollte für den Aufenthalt vor Ort veranschlagt werden?

4–6 Unterrichtsstunden

Worum geht es – was wird deutlich?

a) Besonderheit des Lernortes

Zunächst ist die Exkursion zu dem außerschulischen Lernort (ASL) der Stadtbücherei etwas Besonderes, da die Schüler ihre Lesekompetenz auch außerhalb des Klassenzimmers vertiefen können. In der Stadtbücherei gibt es zudem meist eine Abteilung für Kinder und Jugendliche, in der nicht nur Printmedien, sondern auch Spiele, Comics und digitale Medien ausgeliehen werden können, sodass dieser ASL einen hohen Aufforderungscharakter bietet.

In den meisten Stadtbüchereien ist es Usus, dass Schülergruppen im Vormittagsbereich zu Besuch kommen. Daher können sich die Schüler meist frei bewegen, was eine wichtige Voraussetzung für die Rallye ist, da hier das selbstständige Arbeiten gefragt ist.

Die BIPARCOURS-App, die für diese Exkursion genutzt wird, ist ein Angebot des Bildungspartners NRW an das bestehende Netzwerk aus Schulen und außerschulischen Bildungs- und Kulturinstitutionen und wurde speziell für den Einsatz in Bildungseinrichtungen entwickelt. Andere Bundesländer machen ähnliche Angebote, die im Internet unter Stichworten wie „qr-code-rallye-in-öffentlichen-bibliotheken" zu finden sind. Als ein multimediales Lernwerkzeug ermöglicht es die App auf einfache Weise, multimediale Inhalte mit bestimmten (Weg-)Punkten zu verknüpfen und so einen Bildungsparcours zu erstellen. Ein besonderer Anreiz liegt daher in der digitalen Erarbeitung, da hier unmittelbar an die Lebenswelt von Schülern angeknüpft wird. So ergänzen sich öffentliche Bibliotheken mit ihrer Medienexpertise und Schulen mit ihrem pädagogischen Know-how in der Förderung von Lese- und Informationskompetenz.

b) Anforderungssituation

Lernen, sich in einer Bibliothek zurechtzufinden

Als Anforderungssituation stellt sich das Zurechtfinden in der Bibliothek dar. Die Schüler, die Bücher oft – angesichts der hohen Nutzung von digitalen Medien – langweilig finden, werden überrascht und motiviert sein, dass mithilfe einer digitalen App nun die Bücherwelt erforscht werden kann. Die Schüler, die sich schon in der Stadtbücherei auskennen, können dabei als Experten fungieren und gleichmäßig auf die verschiedenen Kleingruppen verteilt werden, die nun mit der digitalen App arbeiten.

Welche Kompetenzen lassen sich durch den Lernort fördern?

Im Großen und Ganzen stimmen die Lehrpläne für das Fach Deutsch in den Jahrgangsstufen 5 bis 10 darin überein, im Bereich *Schreiben* die gezielte Nutzung von Informationsquellen und damit verbunden das Kennenlernen von Bibliotheken, die Vertrautheit mit Nachschlagewerken, Zeitungen sowie dem Internet als Kompetenzerwartungen zu formulieren. Des Weiteren sollen mithilfe von Sachtexten und Medien der vielfältige Umgang mit Informationen geschult sowie die Nutzung von Medien zur ästhetischen Produktion aufgezeigt werden.

Digitale Erkundungen in öffentlichen Büchereien ebnen den Weg für die Teilhabe an der modernen Informationsgesellschaft, indem sie spielerisch an die in Bibliotheken aufgehobene Welt des Wissens heranführen und gleichzeitig den sinnvollen Umgang mit Smartphones und Tablets vermitteln.

Was ist zu tun?

Vorbereitung: Die Schüler können ihre eigenen Smartphones oder ihre Tablets mitbringen, falls es noch keine büchereieigenen Smartphones für diese Stadtbücherei gibt. Dann sollten sie die BIPARCOURS-App, die kostenlos für Android- und iOS-Geräte erhältlich ist, herunterladen und auf ihrem Gerät installieren. Die analoge Variante zur Stadtbücherei-Rallye ist zwar auch möglich, falls die Stadtbücherei dieses Programm nicht verfolgt. Dann müssen die Materialien von der Lehrkraft vorab ausgedruckt werden. Doch da diese App ein kostenloses Bildungsangebot des Landes NRW für alle Stadtbüchereien ist, könnte man mit der zuständigen Bibliothekskraft reden, dass dies ggf. explizit für die Exkursion in der Stadtbücherei implementiert wird.

An alles gedacht

Vor der Erkundung sollten die Eltern in einem entsprechenden Elternbrief umfassend informiert werden (s. Kopiervorlage: Elternbrief, S. 122). Sollten Schüler noch keinen Leseausweis der jeweiligen Stadtbücherei haben, ist es sinnvoll, das Anmeldeformular vor der Exkursion anzufordern, es den Schülern mitzugeben und von den Eltern unterschreiben zu lassen. Manchmal ist auch eine kleine Anmeldegebühr fällig, welche dann ebenfalls eingesammelt werden kann, sodass dem Lesevergnügen an Ort und Stelle nichts im Wege steht. Vielerorts kann der Leseausweis am Tag der Exkursion vor Ort auch dann ausgestellt werden, wenn die Lehrkraft die Klassenbuchliste mit Angaben der Kinder, Namen der Eltern, Adresse sowie Telefonnummer vorweisen kann.

Durchführung: Die Schüler werden in Kleingruppen eingeteilt. Beim digitalen Biparcours „Die App-solut coole Büchereirallye“ erarbeiten sie dann auf einer digitalen Schnitzeljagd verschiedene Aufgabenstellungen wie das Lösen von Multiple-Choice-Aufgaben zu bestimmten Buchtiteln, das Finden und Scannen von QR-Codes, die Nutzung des Registers in Büchern und Lexika, die Nutzung des OPACS – der Suchmaschine von Medien –, das Auffinden von Informationen auf der Bibliotheks-Homepage sowie das Auffinden von bestimmten Orten in der Bücherei, die mithilfe von Selfies als „Beweisfotos“ dokumentiert werden können.

Die Klasse kann sofort im Anschluss durch einen Screenshot eine Rückmeldung über die Ergebnisse der Kleingruppen erhalten. Daher ist es sinnvoll, wenn die Lehrkraft direkt auch einen kleinen Preis für die Siegerehrung bereithält.

Was ist zu beachten?

Da die Schüler in Kleingruppen arbeiten und die Rallye einen Wettbewerbscharakter impliziert, kann es ggf. etwas unruhiger in der Bibliothek werden. Hier müssen zuvor die entsprechenden Verhaltensregeln mit den Schülern erarbeitet werden.

Wie kann es weitergehen?

Nach der Exkursion können die Ergebnisse im Deutschunterricht aufgegriffen werden und ein weiterer Besuch, z. B. zu einem bestimmten Themenfeld, sollte sich anschließen. Denn dann können die Schüler zeigen, dass sie den Medienkatalog sinnvoll nutzen können.

Welche Vorschläge können zum fächerübergreifenden bzw. fächerverbindenden Lernen gemacht werden?

Der Besuch der Stadtbücherei kann gut mit den Fächern Geschichte, Politik und Religionslehre verbunden werden. Die Exkursion lässt sich auch für das Fach/den Bereich „Lern- und Arbeitstechniken“ durchführen.

Literatur

Langenhorst, Annegret / Langenhorst, Georg (2010): Fachdidaktik Religion und Fachdidaktik Deutsch: Chancen und Grenzen der Kooperation. In: Pirner, Manfred L. / Schulte, Andrea (Hrsg.) (2010): Religionsdidaktik im Dialog-Religionsunterricht in Kooperation. Jena, 47–71

7.2 Die Bedeutung außerschulischer Lernorte für den Fremdsprachenunterricht

Obwohl außerschulische Lernorte (ASL) mittlerweile zum Bestand der Sachfachpläne gehören, sind diesbezügliche Hinweise in den Lehrplänen des Fremdsprachenunterrichts an allgemeinbildenden Schulen kaum vorzufinden. Im berufsbildenden Bereich sieht es dagegen anders aus. Regelmäßige Besuche in Werkstätten, Laboren, Lernbüros und Ausbildungsbetrieben sind Teil des Schulalltags.

In den meisten Fällen sind die ASL ohne eine authentische zielsprachliche Verankerung, so dass sprachdidaktische Zielsetzungen explizit zu formulieren sind. Unter dieser Maßgabe kann ein Lernort unter linguistischen, kommunikativen, literaturdidaktischen oder landeskundlich-zielkulturellen Gesichtspunkten erschlossen werden (vgl. GEHRING 2010, 7 ff.). Fremdsprachliche Lernorte stehen für eine konsequente Öffnung des Unterrichts, eine stärkere Schülerorientierung sowie einen authentischen Bezug zu den Inhalten des Fachs (vgl. ebd., 13). Die Potenziale fremdsprachlicher ASL liegen vornehmlich in der Förderung forschenden, praktischen, situierten sowie sprachpraktischen Lernens, indem die Fremdsprache vor Ort zur Arbeitssprache wird und authentische Kommunikationsformen ermöglicht. GEHRING hebt die positive Wirkung der Kommunikationssituation für das Fremdsprachenlernen besonders hervor:

„Fachrelevantes lexikalisches Material, monologische und dialogische Redemittel werden in einem authentischen Wirkungsfeld im Hinblick auf ihre kommunikative Kraft erfahrbar." (GEHRING, WOLFGANG (2010): Zur Einleitung: Lernort, Lernstandort, Lernumgebung: Warum ein Fremdsprachenunterricht auch außerhalb des Klassenzimmers ertragreich ist. In: GEHRING, WOLFGANG / STINSHOFF, ELISABETH (Hrsg.): Außerschulische Lernorte des Fremdsprachenunterrichts. Braunschweig: Westermann, 13)

Welche Beispiele fallen Ihnen ein

Es gibt eine Vielfalt von ASL, die sich für fremdsprachliche Begegnungen eignen. Das zeigen eindrücklich die Beiträge des Sammelbands „Außerschulische Lernorte des Fremdsprachenunterrichts", der von WOLFGANG GEHRING und ELISABETH STINSHOFF herausgegeben wurde. Aus verschiedenen didaktischen Perspektiven werden dort grundlegende Aspekte beleuchtet, die für die Analyse außerschulischer Lernarrangements für fremde Sprachen, ihrer Literatur und Kultur bedeutsam sind, und sich auf die Entwicklung kommunikativer, interkultureller und methodischer Handlungskompetenz beziehen (vgl. GEHRING/STINSHOFF 2010).

7.2.1 Nach England also!

Juliane Reske

Planung und Durchführung einer Englandfahrt für die gesamte Jahrgangsstufe 8

Ausgewählter Lernort: Fahrt an die östliche Südküste Englands, einen Landstrich mit reicher Geschichte und Kultur. Die Jugendlichen übernachten in Hastings bei britischen Gastfamilien.

Welchem Bildungsbereich ist der Ort zuzuordnen und an welches Unterrichtsfach ist er vorrangig angebunden?

Die Englandfahrt ist dem Bereich Deutsch, Mathematik und Fremdsprachen zuzuordnen und vorrangig an den Englischunterricht der Klasse 8 angebunden.

Welche (exemplarische) Bedeutung hat der Lernort im Englischunterricht?

Diese Reise ist ein persönlicher und sprachlich motivierter Zugewinn. Nach durchschnittlich sechs Jahren Englischunterricht im schulischen Rahmen wird den Schülern die Möglichkeit geboten, ein Land kennenzulernen, in dem man die Sprache tatsächlich hört und spricht. Durch die Unterbringung in Gastfamilien lernen die Jugendlichen nicht nur die Sprache kennen, sondern erfahren primär auch Wohnumfeld, Essen, landestypische Gewohnheiten und kulturelle Besonderheiten. Die Originalbegegnungen mit Gastfamilienmitgliedern und den originalen Schauplätzen englischer Kultur führen zur intensiveren Auseinandersetzung mit den Lerngegenständen, wie sie im Unterricht nicht vermittelt werden können. An diesen Lernorten begegnen fachliche Inhalte der Lebenswirklichkeit. Hier gewinnen Jugendliche vielfältige exemplarische, altersgemäße und authentische Einblicke in die Lebenswirklichkeit englischer Sprachräume und Kulturkreise. Im Gegensatz zu Sekundärerfahrungen, die aus der Perspektive des Lehrenden oder des Lehrbuchs stammen, sind Primärerfahrungen in der Realität gewonnene, persönliche und unmittelbare Erfahrungen, welche das Fundament für anschlussfähiges Wissen bilden und die Entwicklung von Werten und Einstellungen unterstützen können (vgl. SCHOCKEMÖHLE 2011). Eine derartige Reise motiviert und veranlasst Jugendliche, eigenständig zu erforschen und zu erkunden. Gleichzeitig bekommen sie die Gelegenheit, ihre Erfahrungen mit der englischen Kultur zu reflektieren und mit ihrer eigenen zu vergleichen. Diese Lernprozesse fördern wechselseitiges interkulturelles Verständnis und sind so nicht im Klassenraum möglich.

Für welche Jahrgangsstufe(n) ist die vorgestellte Erschließung des Lernortes vornehmlich geeignet?
Sekundarstufe I, insbesondere die Klassenstufen 8 und 9

Welcher Zeitumfang sollte für die Studienfahrt nach England veranschlagt werden?
5–7 Tage

Worum geht es – was wird deutlich?

a) Besonderheiten des Lernortes

Im Englischunterricht der Klassen 5 bis 7 wurden den Schülern in den Lehrbüchern Orte vorgestellt, die sie nun selbst entdecken können. Die geschäftige Küstenstadt Hastings mit ihrer malerischen Altstadt und der viktorianischen Strandpromenade am Ärmelkanal hat eine geradezu magische Anziehungskraft auf Schüler. Viele Jugendgruppen aus aller Welt übernachten bei den gastfreundlichen britischen Familien, die sie mit *breakfast,* Lunchpaket und *dinner* versorgen. Unser Programm orientiert sich am Weg Williams I. über Pevensey, Hastings und Dover. In den zahlreichen Ausflügen verfolgen die Lernenden die Spuren Williams I., der in der Nähe von Hastings landete und England im Sturm eroberte. Auch ein Besuch der Metropole London und die atemberaubende Klippenwanderung auf Beachy Head begeistert unsere Schüler Jahr für Jahr. Von den Besuchen des Dover Castle und der *wartime tunnels* profitieren unsere Geschichtslehrer, denn viele Lernende bringen sich mit ihren eigenen Erfahrungen und ihrem Vorwissen in das Thema „Zweiter Weltkrieg“ ein.

b) Anforderungssituation

Während der unterschiedlichen Ausflüge verfolgen die Schüler Spuren Williams I. und deuten den Einfluss seiner Herrschaft auf die englische Sprache und Kultur. Lerninhalte des Fachunterrichts werden erlebbar und erfahrbar, unter anderem, indem die Schüler die Burgen des normannischen Herrschers erklimmen oder das vermeintliche Schlachtfeld von Hastings im malerischen Battle erkunden. Derartige Lernsettings fördern höhere Verstehensleistungen der Schüler und verhelfen ihnen zur Umsetzung eigener Problemlösestrategien im Alltag.

Welche Kompetenzen lassen sich durch den Lernort fördern?
Globalisierung schafft eine vielfältige und zunehmend vernetzte Welt. Die Schüler müssen sich neuen Herausforderungen stellen. Um in der Welt zukünftig zurechtzukommen, brauchen sie laut OECD unverzichtbare Schlüs-

selkompetenzen. Dazu zählt die Fähigkeit zur interaktiven Anwendung von Medien und Mitteln sowie zum wirksamen Einsatz von Sprache. Das Interagieren in heterogenen Gruppen soll unter anderem den Umgang mit anderen Kulturgruppen fördern. Letztlich soll autonome Handlungsfähigkeit gefördert werden, damit die Jugendlichen ihr Leben eigenständig und verantwortungsvoll führen können. Eine Englandreise fördert diese Schlüsselkompetenzen.

Für viele Schüler heißt die Unterbringung in kleinen Gruppen, dass sie sich aktiv mit der Sprache auseinandersetzen und, ob sie wollen oder nicht, ihren Klang hören und sie anwenden müssen. Fragen nach dem Weg oder dem Befinden, Begrüßung und Verabschiedung fordern die Jugendlichen auf eine andere Weise als im Schulalltag. Dabei gibt es ihnen Sicherheit, sich in der Gemeinschaft der Klasse zu bewegen, Ansprechpartner zu haben und sich unmittelbar über ihre Erfahrungen austauschen zu können.

In knapp einer Woche Aufenthalt ist es sicherlich nicht möglich, einen enormen sprachlichen Zuwachs zu verzeichnen, jedoch erkennen die Lernenden, dass die englische Sprache als Medium der Verständigung prägend ist. Mithilfe der persönlichen Erfahrungen durch Direktkontakt in England werden die Jugendlichen zum Erlernen der Sprache motiviert. Dies gilt besonders für diejenigen Schüler, die nicht jedes Jahr mit der Familie Auslandsreisen unternehmen. Die Jugendlichen erhalten vielfältige exemplarische, altersgemäße und authentische Einblicke in die Lebenswirklichkeit englischer Sprachräume und Kulturkreise. Sie reflektieren ihre Erfahrungen und lernen entsprechend zu handeln.

Der Aufenthalt in der englischen Kultur fördert *cultural awareness.* Die Lernenden begegnen kulturspezifischen Wertevorstellungen und Verhaltensweisen britischer Familien. Sie sind mit 13 und 14 Jahren in der Lage, fremdes verbales und non-verbales Verhalten wahrzunehmen, sich damit auseinanderzusetzen und mit ihrem eigenen in Beziehung zu setzen. Insbesondere die Höflichkeit der Briten, das alltägliche Leben in den Familien oder das Tragen von Schulkleidung der Gastgeschwister hinterlässt einen bleibenden Eindruck. Die Jugendlichen erkennen und unterscheiden deutlich zwischen *cultural imagination,* also dem Bild, das sie sich während des Sprachunterrichts von Großbritannien gemacht haben, und *cultural reality,* dem, was sie wahrhaftig dort beobachtet und erlebt haben. Die Begegnung mit spezifischen kulturellen Werten und Verhaltensnormen fördert immer auch die Auseinandersetzung mit den eigenen Werten und Verhaltensnormen.

cultural imagination – cultural reality

Was ist zu tun?

1. Vorbereitung im Unterricht

Stichpunktartig seien genannt:

- Vermittlung von Sachwissen zu den Besuchen der einzelnen Sehenswürdigkeiten: Schülervorträge mit Infomaterial der Websites der zu besuchenden Orte
- Verdeutlichen der Wertevorstellungen und Hinweise auf das Verhalten in britischen Familien
- Unterrichtsgespräch oder Belehrung: sich z. B. für Kleinigkeiten zu bedanken; dass man sich unbedingt an vorgegebene Abfahrts- und Ankunftszeiten halten und pünktlich zum Dinner erscheinen sollte
- Sensibilisierung für den Stellenwert der Höflichkeit in England: Dazu kurze Dialoge zu vorgegebenen Gesprächsanlässen in der Familie

2. Ablauf und Durchführung der Fahrt: Programmvorschlag

Sonntag	• Abreise: zwischen 4 und 5 Uhr Abfahrt in Ort X • Ankunft gegen 19 Uhr in Hastings	• Organisation der Busfahrt und Unterbringung in den Gastfamilien durch Reiseveranstalter • Gastfamilien ermöglichen Jugendlichen vielfältige exemplarische, altersgemäße und authentische Einblicke in die Lebenswirklichkeit englischer Sprachräume und Kulturkreise
Montag	• Tag in Hastings mit Stadtführung und Stadtrallye • Great British Tea Party	• SuS erleben britische Teekultur mit Benimmregeln • Gemeinsamkeiten und Unterschiede zu unserer Kaffeekultur erkennen • Organisation durch Reiseveranstalter
Dienstag	• Battle Abbey • Küstenwanderung (Beachy Head)	• Erkunden des Schlachtfelds • Schlacht von Hastings und deren Bedeutung für Großbritannien wird im Museum und einem informativen Rundgang durch das Klostergelände sehr anschaulich und unterhaltsam erklärt • kostenlose „educational visits" • Klippenwanderung • Organisation durch Lehrer
Mittwoch	• Fahrt nach London	• SuS erfahren London als Metropole der unterschiedlichsten Kulturen • kulturelle Unterschiede werden mit der eigenen Kultur verglichen • Bewusstheit über Kulturverschiedenheit wird aktiviert • Organisation durch Lehrer

Donnerstag	• Dover Castle mit *war time tunnels* • Canterbury Cathedral	• Begegnung mit historischen und kulturellen Sehenswürdigkeiten als authentischen Lernorten • Besuch der *wartime tunnels* im Dover Castle erleichtert vielen Jugendlichen den Zugang zu authentischen englischen Texten (z. B. von Churchill) und Ereignissen in der Geschichte • Organisation durch Lehrer
Freitag	• Fahrt nach Greenwich • Themsefahrt nach Westminster • Besichtigung des *Globe Theatre*	• authentischer Lernort: Workshop zu Romeo und Julia im *Globe Theatre* • Auseinandersetzung mit Shakespeare und dem elisabethanischen Zeitalter • Organisation durch Lehrer
Samstag	• gegen Mittag Ankunft zu Hause	

Wie kann es weitergehen?

Um die persönlichen Eindrücke und Lernfortschritte während der Reise festzuhalten, eignet sich ein Tagebuch, welches im Anschluss an die Reise auch bewertet werden kann (s. Kopiervorlage: Tagebuch/Bewertung, S. 123). Die Tagebucheinträge können am Ende des Tages oder während der Busfahrten geschrieben werden. Im Anschluss an die Fahrt ist ein reflektierendes Gespräch über die Erfahrungen und Inhalte unumgänglich. Dies kann mithilfe von Feedbackbögen fokussiert gesteuert werden. Intensive Nachbereitung gibt den Lernenden die Möglichkeit, sich kritisch mit den Erlebnissen und Erfahrungen (u. a. auch in den Gastfamilien) auseinanderzusetzen. Ihre Erkenntnisse über kulturelle Gewohnheiten und das Entwickeln einer eigenen Position sind Voraussetzung für interkulturelle Kompetenz.

Welche Vorschläge können zum fächerübergreifenden bzw. fächerverbindenden Lernen gemacht werden?

In den Gastfamilien und an zentralen historischen Lernorten der östlichen Südküste Englands erleben die Jugendlichen den englischen Kulturkreis und dessen geschichtliche Entwicklung hautnah. Die Erfahrung mit anderen Kulturen überwindet die traditionelle Gliederung der einzelnen Fächer, da die Lernenden Erfahrungen für alle Fachbereiche sammeln, sei es im Umgang mit britischen Mitmenschen oder während der zahlreichen Erkundungen historisch und kulturell bedeutender Orte (s. Übersicht oben).

An Vorschlägen zum fächerübergreifenden bzw. fächerverbindenden Lernen sind in Auswahl zu nennen:

- Sozialkunde/Politik:
  Die konstitutionelle Monarchie in Großbritannien
- Geschichte:
  Die Geschichte Großbritanniens am Beispiel Williams I.
  Die Bedeutung Englands im 2. Weltkrieg, Operation Dynamo
- Religion:
  Canterbury als Zentrum der anglikanischen Kirche
  Canterbury als Pilgerstätte im Mittelalter
  Ablauf eines Gottesdienstes in der anglikanischen Gemeinschaft
  Kirchenerkundungen (z. B. Canterbury Cathedral)

Literatur

GEHRING, WOLFGANG (2010): Zur Einleitung: Lernort, Lernstandort, Lernumgebung: Warum ein Fremdsprachenunterricht auch außerhalb des Klassenzimmers ertragreich ist. In: GEHRING, WOLFGANG / STINSHOFF, ELISABETH (Hrsg.) (2010): Außerschulische Lernorte des Fremdsprachenunterrichts. Braunschweig, 7–16

GEHRING, WOLFGANG / STINSHOFF, ELISABETH (2010) (Hrsg.): Außerschulische Lernorte des Fremdsprachenunterrichts. Braunschweig

SCHOCKEMÖHLE, JOHANNA (2011): Regionales Lernen – Kompetenzen fördern und Partizipation stärken. Zur Wirksamkeit des außerschulischen Lernens in der Region. In: BAYRHUBER, HORST u. a. (Hrsg.) (2011): Empirische Fundierung in den Fachdidaktiken. Münster/New York/München/Berlin, 201–215

7.3 Die Bedeutung außerschulischer Lernorte für den Geschichtsunterricht

MALTE VAN SPANKEREN gibt in der folgenden Vorstellung des Friedhofs als außerschulischen Lernort (ASL) eine umfängliche Begründung für ASL im Geschichtsunterricht. Deshalb an dieser Stelle lediglich einige kurze Anmerkungen.

Die Geschichtsdidaktik unterscheidet nicht-institutionelle von institutionellen Lernorten. Gebäude (z.B. Burgen, Kirchen, Rathäuser, Fabriken, Wohnsiedlungen), Straßen und Wasserwege, Denkmäler sowie Landschaften gehören zu den nicht-institutionellen Lernorten. Dabei sind prinzipiell alle historischen Epochen von Bedeutung. Stadt- oder Staatsarchive, Bibliotheken, Museen (z.B. historische Museen, Heimat-, Freilicht-, Kunst-, Technikmuseen, völkerkundliche Museen) sowie Gedenkstätten sind den institutionellen Lernorten zuzurechnen.

Plädoyer für Archive als ASL

Völlig zu Unrecht stehen Archive im Schatten anderer institutioneller Lernorte. Neben Museen und Ausstellungen sowie historischen Stätten stehen sie zwar tendenziell auf gleicher Ebene. Aber im Vergleich zu ihnen werden sie weniger häufig genutzt. Archive haben aber das Potenzial, einen individuellen Kompetenzerwerb anzubahnen. Intensiver als im Museum oder in einer Ausstellung sammeln die Lernenden Primärerfahrungen. Das eigenständige Suchen und Auffinden von Archivalien ermöglichen eine größere Eigenverantwortlichkeit für den individuellen Lernerfolg. Ebenso kann das detektivische Suchen und Finden von Quellen motivationsförderlich sein. Der Erwerb digitaler Kompetenz kann durch die Arbeit mit digitalen Findbüchern sowie Archivalien angebahnt werden, wodurch wiederum der Weg zur aktiven Teilhabe an der Medienlandschaft geebnet wird (vgl. KARPA/LÜBBECKE/ADAM 2015, 23). Aber nicht nur historische Orte im Umfeld der Schule und der Schüler sind für das außerschulische historische Lernen essenziell. Vor diesem Hintergrund plädiert DANKER für ein deutlich erweitertes Feld außerschulischer Orte historischen Lernens, die ebenso im Alltag der Schüler auffindbar sind und einen nicht unwesentlichen Teil ihrer Lebenswelt ausmachen.

„Außerhalb des schulischen Geschichtsunterrichts findet historisches Lernen nicht nur statt in Museum, Archiv, Gedenkstätte und am authentischen historischen Ort im Nahumfeld, sondern beispielsweise auch in der Kommunikation mit Zeitzeugen, beim Konsum von einschlägigen Filmen und TV-Angeboten, bei der Lektüre historischer Romane und tradierter Belletristik, bei der Bewegung im Internet.“ (Danker, Uwe (2016): Public History – außerschulisches historisches Lernen. In: Erhorn, Jan / Schwier, Jürgen (Hrsg.): Pädagogik außerschulischer Lernorte. Bielefeld: Transcript Verlag, 190)

7.3.1 Mehr als Gräber und Gießkannen?

Malte van Spankeren

Der Friedhof als Ort gelebter Geschichtskultur

Ausgewählter Lernort: Friedhof

Welchem Bildungsbereich ist der Ort zuzuordnen und
an welches Unterrichtsfach ist der Lernort vorrangig angebunden?

Der Lernort ist dem Bereich *Mensch und Gesellschaft* zuzuordnen und vorrangig an das Unterrichtsfach Geschichte angebunden.

Welche exemplarische Bedeutung haben außerschulische Lernorte
im Geschichtsunterricht?

Das Fach Geschichte ist auf den Besuch außerschulischer Lernorte (ASL) in besonderem Maße angewiesen. Hier wird Geschichte nicht nur in vielfältiger Weise anschaulich und greifbar, sondern ein solcher Besuch vertieft und ergänzt Inhalte des schulischen Lehrplans. Infolgedessen werden in den Fachlehrplänen mit Beginn des Jahrgangs 5 durchgängig Exkursionen zu ASL empfohlen. Denn hier wird Vergangenheit inszeniert und – auch mithilfe künstlerischer Darstellung – Erinnerungskultur abgebildet.

Das naturgemäß hohe Interesse, welches die Schüler der Unterstufe dem für sie neuen Fach Geschichte entgegenbringen, wird auf diese Weise genutzt, um sie mit Quellen und den Orten, an denen sich Quellen befinden (Museen, Ausstellungen), vertraut zu machen. Die chronologisch aufgebauten Lehrplaninhalte bis einschließlich Jahrgangsstufe 10 setzen den Besuch weiterer ASL voraus. Neben Museen treten Burgen, Schlösser, Kirchen und gegebenenfalls auch Klöster sowie Archive als ASL in den 6. bis 8. Jahrgangsstufen in den Vordergrund. Ein Schwerpunkt wird beispielsweise in der Jahrgangsstufe 6 auf die Erkundung der Stadt gelegt, deren historische Entwicklung anhand von Stadttoren, Mauern, Kirchen, Brücken, ggf. auch

Rathäusern und Marktplätzen untersucht werden kann. Bezogen auf die jeweilige Heimatstadt wird auf diese Weise Geschichte nicht nur greifbar, sondern gleichermaßen begriffen. Kirchen, Schlösser, historisch bedeutsame Orte wie die Wartburg, der Kyffhäuser, das Leipziger Völkerschlachtdenkmal oder Luthers Erfurter Augustinerkloster sind weitere für das Fach Geschichte besonders relevante Orte. Daneben bietet sich der Besuch historisch wichtiger Städte der deutschen Geschichte des 16. bis 19. Jahrhunderts an: Wittenberg, Frankfurt/M., Münster, Köln, Weimar, Erfurt, Potsdam und Berlin sind hier exemplarisch zu nennen.

Friedhof in geschichtskultureller Perspektive

Für den Geschichtsunterricht ist die Entwicklung des Geschichtsbewusstseins von entscheidender Bedeutung. Dieses Geschichtsbewusstsein bildet sowohl Voraussetzung als auch Ziel des Geschichtsunterrichts. Denn es ermöglicht zu lernen, wie Deutungen der Vergangenheit das jeweils aktuelle Verständnis von Geschichte beeinflussen und welche Perspektiven aus dem aktuellen Verständnis der Vergangenheit resultieren. Befördert wird es durch die Entwicklung der geschichtskulturellen Kompetenz und diese wird ihrerseits durch die Interpretation von historischen Monumenten vertieft. Zur Vertiefung dieser Kompetenz bietet sich der ASL Friedhof in besonderem Maße an. Denn hier lernen Schüler, sich rezeptiv und produktiv mit geschichtskulturell bedeutsamen Zeugnissen auseinanderzusetzen. Freilich ist der Friedhof bislang als Lernort im Geschichtsunterricht bei weitem noch nicht derart etabliert wie beispielsweise Kriegerdenkmäler. Dabei bietet der Friedhof nicht nur die Möglichkeit zum fächerübergreifenden Arbeiten, sondern ist durch seine Existenz in jeder Stadt und seine vielfältigen Erscheinungsformen ein besonders geeigneter Lernort, der originale Begegnungen ermöglicht.

Für welche Jahrgangsstufe(n) ist die vorgestellte Erschließung des Lernortes vornehmlich geeignet?
Exemplarisch soll die Friedhofsexkursion für eine Lerngruppe der 9. Jahrgangsstufe im Folgenden konkretisiert werden. In diesem Jahrgang wird die Geschichte Deutschlands in der ersten Hälfte des 20. Jahrhunderts im Vordergrund stehen. Dementsprechend bietet sich besonders der Besuch eines Friedhofs an, auf dem sich Gräber von im Ersten Weltkrieg Gefallenen befinden. Der Soldatenfriedhof als Folge zweier Weltkriege bildet dabei einen relativ neuen Friedhofstyp.

Welcher Zeitumfang sollte für den Aufenthalt vor Ort veranschlagt werden?
Inklusive entsprechender Vor- und Nachbereitung sollte ein Stundenumfang von mindestens 8 Unterrichtstunden (zu je 45 Minuten) in Anschlag gebracht werden.

Worum geht es – was wird deutlich?

a) Besonderheiten des Lernortes
Die besondere Anforderungssituation, die der Besuch eines Friedhofs bietet, lässt sich folgendermaßen beschreiben. Ein Friedhof ist kein ASL, der „auf der Hand liegen" würde, und seine Bedeutung im Hinblick auf handlungsorientiertes Lernen erschließt sich für das Fach Geschichte erst auf den zweiten Blick.

b) Anforderungssituation
Die Vertiefung des Geschichtsbewusstseins wird durch die Anforderungssituation, die ein Friedhof darstellt, in besonderem Maß befördert. Die besondere Atmosphäre des Friedhofs, seine durch Mauern und andere Begrenzungen ersichtliche abgegrenzte Sonderstellung innerhalb des Stadtgebietes sowie die hier vorfindlichen Grünflächen versetzen Lerngruppen in erhöhte Aufmerksamkeit und Anspannung. Ein Friedhof konfrontiert überdies mit dem Aspekt der Vergänglichkeit alles Lebendigen und lässt sich mit eigenen Vorerfahrungen verbinden. Die Grabstellen spiegeln den Anspruch wider, die Erinnerung an Personen über deren Tod hinaus lebendig zu halten. Schließlich kann der Friedhof als Ganzes als Ort historischer Überlieferung aufgefasst werden und damit als Monument eigener Art, beispielsweise für die Geschichte einer Stadt gelten.

Welche Kompetenzen lassen sich durch den Lernort fördern?
Mittels einer Friedhofsexkursion werden die Wahrnehmungs- und Sozialkompetenzen der Schüler vertieft. Erstere, indem sie Symbole dekodieren, welche sich üblicherweise und oft nur exklusiv auf einem Friedhof befinden. Grabinschriften konfrontieren die Lerngruppe mit literarischen Erzeugnissen, die sich nicht auf einem traditionellen Medium befinden und stellen insofern eine besondere Herausforderung dar. Das Gedenken an gefallene Soldaten und andere Tote findet hier vielfältigen Ausdruck. Solche Symbole, Bilder und Motive illustrieren den Schülern, wie Menschen früher und heute an andere Menschen und Zeiten erinnern wollten. Durch die Erschließung solcher Inschriften und Symbole wird nicht zuletzt die vollumfängliche Teilhabe an einer vom Christentum immer noch kulturell geprägten Gesellschaft

befördert. Somit dient die Wahrnehmung und Interpretation dieser Quellenart einer Weiterentwicklung der hermeneutischen Kompetenz der Exkursionsteilnehmer. Die Sozialkompetenz wird schließlich dadurch weiterentwickelt, dass Heranwachsende lernen, sich auf einem Friedhof pietätvoll zu verhalten und mit besonderer Rücksichtnahme zu bewegen.

Was ist zu tun?

Zur konkreten Vorbereitung empfiehlt es sich, zunächst zu klären, auf welchen Friedhöfen in Schulnähe Gräber von Gefallenen vorzufinden sind. Aufgrund der zeitgenössisch hohen Bedeutung, die den gefallenen Soldaten des 1. Weltkriegs während und nach dem Ende des 1. Weltkriegs zugesprochen wurde, ist üblicherweise auf jedem größeren Friedhof auch mit Soldatengräbern zu rechnen, die sich überdies durch besondere Inschriften auszeichnen. Nach der Auswahl geeigneter Friedhöfe gilt es, das Vorwissen der Schüler in Erfahrung zu bringen. Zweckmäßigerweise sollten die Lernenden eine kurze Definition zum Thema „Friedhof" schriftlich festhalten und sich anschließend über ihre Definitionen kurz gegenseitig – beispielsweise mithilfe der Methode des Speeddatings – austauschen. Ferner könnten Friedhöfe aus unterschiedlichen Teilen der Welt vorgestellt werden, da sich beispielsweise japanische Grabstellen zum Teil deutlich von europäischen unterscheiden und erfahrungsgemäß von Schülern mit erhöhtem Interesse wahrgenommen werden. Anschließend sollte gemeinsam mit der Lerngruppe festgelegt werden, welche Untersuchungsgegenstände auf einem Friedhof von besonderem Interesse sind: z. B. Grabinschriften, Symbole, Kapelle sowie die Gesamtanlage des Friedhofs. Außerdem werden noch Verhaltensregeln für den Aufenthalt auf einem Friedhof gemeinsam festgelegt. Diese Absprache ist notwendig, da von der Überzeugung ausgegangen wird, dass die Schüler sich an gemeinschaftlich verabredete Regeln eher halten werden. Zum Abschluss werden sie in drei Spezialistengruppen eingeteilt: Eine Gruppe könnte sich schwerpunktmäßig die Grabsteine ansehen, eine weitere Gruppe insbesondere die Symbole und eine dritte Gruppe vor allem die Inschriften. Alle drei Gruppen werden aber dazu aufgefordert, weitere ihnen relevant erscheinende Elemente, welche sie nicht speziell untersuchen sollen, trotzdem festzuhalten. Der Einsatz von Smartphones zum Abfotografieren wird erlaubt, wobei diese auf lautlos zu stellen sind.

Frage nach der Auswahl der Friedhöfe

Was ist zu beachten?

Viele Friedhöfe sind innerstädtisch angelegt, werden aber anders als Parkanlagen oder andere Naherholungsgebiete seltener frequentiert. Daraus resultieren mehrere für die Exkursion relevante Herausforderungen. Beim

Besuch eines Friedhofs mit einer Lerngruppe darf ein gewisser Lärmpegel nicht überschritten werden. Ein Friedhof ist außerdem ein Lernort, der deutlicher als andere die affektive Dimension der Jugendlichen ansprechen wird. Gerade in dem Alter, in dem sich Schüler der Jahrgangsstufe 9 befinden, werden sie oft zum ersten Mal mit dem Erlebnis des Todes enger Familienangehöriger wie z. B. den Großeltern konfrontiert. Daraus resultieren besondere Problemstellungen. So ist es sinnvoll, gegebenenfalls Schülern den Besuch eines Friedhofs freizustellen, falls sie sich aus persönlichen Gründen dazu nicht in der Lage sehen sollten. Mittels behutsamer Nachfrage oder populärer Jugendbücher und Filme zum Thema kann dies bei der Vorbereitung der Exkursion im Vorhinein geklärt werden.

Wie kann es weitergehen?

Eine Auswertung der Friedhofsexkursion kann mithilfe der Erstellung einer Collage erfolgen. Auch an Plakate oder eine Wandzeitung wäre hier zu denken. Indem die Schüler ihre Ergebnisse als Produkt darstellen, schulen sie ihre Methodenkompetenz, und indem sie die Aussagekraft der von ihnen genutzten Quellen für die Rekonstruktion der Vergangenheit thematisieren, vertiefen sie überdies ihre Urteilskompetenz und entwickeln ihr Geschichtsbewusstsein weiter. Als praktikabel bei der Auswertung hat sich überdies die Beantwortung eines Fragebogens erwiesen, in dem die Schüler ihre Erfahrungen, neue Erkenntnisse und Fragen, die sich im Nachklang zur Exkursion ergeben haben, festhalten können (s. Kopiervorlage: Fragebogen, S. 124 f.). Auf diese Weise wird nicht nur eine Evaluation gewährleistet, sondern schon die nächste Exkursion vorbereitet.

Welche Vorschläge können zum fächerübergreifenden bzw. fächerverbindenden Lernen gemacht werden?

Hinsichtlich des fächerübergreifenden Lernens ist an die Fächer Religion, Kunst und Biologie zu denken. Während zwischen Religion und Geschichte sich thematisch ergänzende Inhalte mittels desselben Lernortes vertieft werden können – in Religion vor allem die Thematiken Lebensende, Tod und Auferstehung – kann der Kunstunterricht die besondere Gestaltung eines Friedhofs in den Blick nehmen. Neben den Gräbern ist hier an Ehrenmäler, Trauerhallen, Friedhofskapellen oder Friedhofstore etc. zu denken. Auch die in der Regel begrünte Umgebung eines Friedhofs könnte hier mitbedacht werden. Diese wäre auch für den Biologieunterricht ein möglicher Bezugspunkt. Der Friedhof als innerstädtisches Biotop eigener Art und Naherholungsgebiet kann auf diese Weise in den Blick genommen werden.

Literatur

KARPA, DIETRICH / LÜBBECKE, GWENDOLIN / ADAM, BASTIAN (2015): Außerschulische Lernorte – Theoretische Grundlagen und praktische Beispiele. In: KARPA, DIETRICH / LÜBBECKE, GWENDOLIN / ADAM, BASTIAN (Hrsg.) (2015): Außerschulische Lernorte. Theorie, Praxis und Erforschung außerschulischer Lerngelegenheiten. Immenhausen bei Kassel, 11–27

DANKER, UWE (2016): Public History – außerschulisches historisches Lernen. In: ERHORN, JAN / SCHWIER, JÜRGEN (Hrsg.): Pädagogik außerschulischer Lernorte. Bielefeld, 187–211

7.4 Die Bedeutung außerschulischer Lernorte für den Musikunterricht

Zur musischen Grundbildung gehört das Hören von Musik sowie die Kommunikation über Musik. Obwohl Ersteres nicht an die Lokalität Klassenzimmer gebunden ist und somit der Besuch außerschulischer Lernorte (ASL) wie des Theaters oder des Konzertsaals auf der Hand liegen, werden ASL eher verhalten von der einschlägigen Literatur in den Blick genommen. Anders verhält es sich mit der außerschulischen Musikpädagogik. Viele Schulen kooperieren mit Musikschulen, die in einem weiteren Sinne als ASL auszumachen sind. Im direkten Kontakt zu einschlägigen Berufsgruppen ergeben sich für den Schüler berufswahlvorbereitende Chancen.

Plädoyer für den Ausbau von ASL im Musikunterricht

7.4.1 Klänge wahrnehmen

Daniel Stimpel

Die Kirche als außerschulischer Lernort im Fach Musik

Ausgewählter Lernort: Kirche

Welchem Bildungsbereich ist der Ort zuzuordnen und an welches Unterrichtsfach ist er vorrangig angebunden?

Der Ort ist dem Bereich *Kultur und Religion* zuzuordnen und vorrangig an das Unterrichtsfach Musik angebunden.

Welche (exemplarische) Bedeutung hat der außerschulische Lernort im Musikunterricht?

Die Kirche, egal ob groß oder klein, ist ein idealer Ort, um Klänge in einer ganz besonderen Form wahrzunehmen. Sie ist in jedem Dorf und in den Großstädten sogar sehr oft vorhanden. Dadurch kann dieser Lernort in den meisten Fällen mit der Klasse schnell erreicht und erkundet werden. Im nachfolgenden Konzept wird ein Ansatz des Umgangs mit einem schallenden Raum wie beispielsweise einer Kirche gezeigt, wobei die Unterrichtseinheit auf vier Einzelstunden aufgeteilt wird.

Achtung: Der Weg zum Erreichen einer Kirche von der Schule aus wurde zeitlich nicht einberechnet. Außerdem sollte eine Begleitperson beim Verlassen des Schulgebäudes mit einer Klasse eingeplant werden.

Für welche Jahrgangsstufe(n) ist die vorgestellte Erschließung des Lernortes vornehmlich geeignet?

Der Einsatz dieser Unterrichtseinheit erstreckt sich in abgewandelter Form von der Jahrgangsstufe 5 bis 9, wenn man das Musikhören im Lehrplan betrachtet:

- Bewusstes Hören von Musik; unterscheiden, erkennen und benennen von unterschiedlichen Geräuschen *(Klasse 5)*
- Erkennen, benennen und musizieren mit verschiedenen Instrumenten *(Klasse 5)*
- Musik hören und improvisierte Bewegung nach Musik *(Klasse 6)*
- Differenziertes Hören hinsichtlich Klangqualität und Gliederung, Hören von Geräuschen und Stimmen *(Klasse 6)*
- Bewusstes Hören von Musik; Wirkung von Musik *(Klasse 7)*
- Improvisieren nach Musik *(Klasse 7)*
- Hören von Musik; Verstehen lernen der Funktion und Wirkung von Musik *(Klasse 8)*
- Funktion und Wirkung von Musik verstehen *(Klasse 9)*
- Hören, einordnen und zuordnen von Musik *(Klasse 9)*

Welcher Zeitumfang sollte für den Aufenthalt vor Ort veranschlagt werden?

Die Unterrichtseinheit erstreckt sich auf 4 Stunden mit je 45 Minuten, wobei der Weg zur Kirche nicht bedacht wird (da jener in jedem einzelnen Fall stark variiert).

Worum geht es – was wird deutlich?

a) Besonderheiten des Lernortes

Der Besuch einer Kirche als ASL des Fachs Musik eröffnet den Schülern ganz neue Möglichkeiten bei der Erschließung von Klängen, welche sie selbst vor Ort erzeugen können. Die meist große Räumlichkeit fördert die Ausbreitung von Schall, sodass die erlebten Eindrücke für die Kinder noch eindrucksvoller als im normalen Klassenzimmer wahrgenommen werden. Außerdem kann dieser für den Unterricht recht unübliche Lernort an sich schon faszinieren, unabhängig von den Glaubenszugehörigkeiten der Schüler.

b) Anforderungssituation

Die Schüler sollen in einer Kirche besondere Klänge wahrnehmen. Wie kann ich das Mauerwerk, die Kirchenbänke oder die Orgel klanglich einsetzen und dadurch zum Musizieren nutzen? In diesen Räumlichkeiten breitet sich Schall ganz anders aus als im Klassenzimmer. Die Wahrnehmung wird demnach eine ganz andere sein, wenn man beispielsweise auf Holz klopft oder trommelt. Die Situation erfordert sowohl eine gute Absprache mit den Schülern als auch Vertrauen zu ihnen.

Welche Kompetenzen lassen sich durch den Lernort fördern?

Zur musischen Grundbildung gehört das Hören von Musik. Als Kompetenzziel wird es in den Lehrplänen für die Jahrgangsstufen 5 bis 10 differenziert ausgewiesen. Die Wahrnehmung und Erschließung unterschiedlicher Klänge sowie der Umgang mit schallenden Räumen, das Improvisieren nach Musik sowie Funktion und Wirkung von Musik verstehen zu lernen, sind die zu erwerbenden Grundkompetenzen, die zu einem sensiblen Umgang mit der eigenen Umwelt und Wirklichkeit befähigen.

Die Klänge in einer Kirche wahrzunehmen soll dazu führen, neue Eindrücke der Tonerzeugung zu erhalten. Das kann zu einem sensibleren Umgang mit der eigenen Umwelt führen. Die Schüler erforschen eine Umgebung, die sie zuvor vielleicht gar nicht oder nur aus einer ganz anderen Sichtweise her kennen. Der deutlich auftretende Schall beim Erklingen von Gegenständen in einer Kirche sorgt für eine bewusste Auseinandersetzung der Schüler mit den vorhandenen Gegenständen. Beim gemeinsamen Musizieren wird das Rhythmusgefühl, die Teamarbeit und Lernentwicklung geschult.

Was ist zu tun?

1. Stunde: Einstieg in die Thematik im Klassenraum

- Welche Erfahrungen bestehen bezüglich einer Kirche?
- Welche Klänge können dort vermutlich wahrgenommen werden?
- Wie kann ich verschiedene Elemente einer Kirche zum Klingen bringen?
- Welche Unterschiede existieren zwischen der Wahrnehmung von Klängen in Kirchen und dem Klassenraum?
- Wie verhalte ich mich in einer Kirche?
- Wie laufen die folgenden Stunden der Unterrichtseinheit ab?

2. Stunde: Vor Ort in der Kirche

- Umsetzung der zuvor erarbeiteten Ideen der Schüler
- Mögliche Szenarien:

- Schüler bekommen einen dünnen Holzstock, um verschiedene Gegenstände zum Klingen zu bringen (vorher Absprache/Vereinbarungen über respektvollen Umgang mit der Umgebung).
- Schüler dürfen für bestimmte Zeit in Kleingruppen oder allein die Kirche erkunden, führen über ihre Klangergebnisse Protokoll (Absprachen mit Küster, Pfarrer, Organisten sinnvoll).
- Innerhalb mehrerer Feedbacktreffen aller Teilnehmer mit dem Lehrer werden erste Erkenntnisse und Ergebnisse vorgetragen, miteinander verglichen.
- Dadurch erfolgt gegenseitige Inspiration, eventuell der Drang, Ähnliches wie ein Mitschüler selbst auch auszuprobieren.
- Lehrkraft kann Schülern bestimmte Rhythmen vorgeben, die jene in einem weiteren Erkundungsrundgang bei ihrer Klangerzeugung anwenden sollen.

3. Stunde: Vor Ort in der Kirche oder im Klassenraum

- Feedback der vorangegangenen Stunde:
  - Welche „Instrumente"/Gegenstände erkundeten Schüler?
  - Welche Gegenstände schallten besonders gut?
  - Konnte man die Rhythmen umsetzen?
  - Bildeten sich Teams oder arbeiteten Schüler allein?
- Ideen erweitern, reflektieren.
- Schüler sollen Experten für ihren Lieblingsgegenstand werden.
- Spezifische Rhythmen für bestimmte Gruppen von Gegenständen festlegen (z. B. Gegenstände aus Holz wie Kirchenbänke, Türen, Tore ...). Schüler dieser gewählten Gegenstandsgruppen bilden Teams und üben den vom Lehrer festgelegten Rhythmus ein.
- Rhythmen werden innerhalb des Teams geübt.
- Entweder es präsentieren in der kommenden letzten Stunde alle Teams ihre Ergebnisse nacheinander oder die Rhythmen wurden vom Lehrer so vorgegeben, dass gemeinschaftliches Musizieren möglich ist.
- Im Falle des gemeinsamen Musizierens (eventuell in den höheren Klassen) kann dies jetzt mit festgelegten Abläufen geübt werden.

4. Stunde: Vor Ort in der Kirche

- Präsentation der Teams/Rhythmusgruppen an den entsprechenden Gegenständen bzw.
- Präsentation der gesamten Choreografie im Falle des zuvor durchgeführten gemeinsamen Musizierens aller Teams.
- Auswertung
- Reflexion

Wichtig ist bei dieser Unterrichtseinheit, den Schülern ein gewisses Maß an Freiheit während der Erkundung der Klänge zu geben und trotzdem gewisse Regeln und Absprachen zu wahren. Die Kinder sollen die Möglichkeit erhalten, Bereiche der Kirche erkunden zu dürfen, welche sie für interessant halten. Während dieser Erforschungsphase kann der Lehrer alle Gruppen oder Einzelarbeiter ansprechen und nach bisherigen Ergebnissen oder Erkenntnissen befragen. So erlangt er einen Überblick über das gewonnene Wissen und kann dies für eine mögliche nachfolgende Rhythmusübung berücksichtigen.

Was ist zu beachten?

Innerhalb der Kirche sollte jederzeit respektvolles Verhalten gegenüber ihr selbst und all den Mitwirkenden gelten. Daher müssen im Vorfeld Verhaltensregeln speziell für diesen Lernort festgelegt werden, die die Schüler akzeptieren. Denkbar ist es auch, die Schüler mitbestimmen zu lassen.

Man sollte darauf achten, dass kein Schüler die abgesprochenen Regeln missachtet, die in der Kirche gelten. Ein respektvoller Umgang mit der Umgebung hat höchste Priorität. Weiterhin sollten alle Gruppen während der Erkundungszeiten im Auge behalten werden. Nur so können Hinweise und sinnvolle Inputs bezüglich bestimmter Rhythmen oder Verbesserungen gegeben werden. Die Erforschung durch die Schüler wird sicherlich sehr unterschiedlich erfolgen. Daher ist es wichtig, langsamen Gruppen besonders motivierende Hinweise zu geben und trotzdem die schnellen Gruppen nicht aus den Augen zu verlieren. Jene können später auch anspruchsvollere Rhythmen auf ihren Gegenständen musizieren.

Welche Möglichkeiten der Differenzierung sind gegeben

Wie kann es weitergehen?

Die aufgeführten Rhythmen der einzelnen Teams sollen später im Klassenzimmer wiederholt und erweitert werden. Die Schüler wissen diese nun zu spielen und können sie im gemeinsamen Musizieren anwenden. In einer weiteren Feedbackphase werden Unterschiede zwischen dem Klang desselben Rhythmus in der Kirche und dem Klassenzimmer beschrieben. Dadurch soll die Kirche einen ganz besonderen Wert bezüglich erzeugter Klänge für die Schüler erhalten.

Welche Vorschläge können zum fächerübergreifenden bzw. fächerverbindenden Lernen gemacht werden?

Möglich ist bei der vorgestellten Unterrichtseinheit eine Kooperation mit dem Fach Kunsterziehung. Gewonnene Eindrücke und Erkenntnisse könnten kreativ abgebildet und dadurch vertieft werden. Somit entstünde durch die Umsetzung dieser Eindrücke in die künstlerische Gestaltung eine intensivere kognitive Förderung der Beteiligten. Weiterhin ist es möglich, das Fach Evangelische/Katholische Religion mit einzubinden. Dadurch könnten musikalische und religiöse Zusammenhänge erschlossen werden. Die mögliche Kooperation wird nachfolgend jedoch nicht explizit erläutert.

7.5 Die Bedeutung außerschulischer Lernorte für den Kunstunterricht

Entdeckung neuer Orte

In der Fachdidaktik ist die Vorstellung vom Museum als klassischem Ort der Kunstbetrachtung im Schulfach Kunst weit verbreitet. Aber gerade in diesem Fach sind insbesondere nicht institutionell vorgeprägte Orte äußerst interessant, weil an ihnen Handlungsräume erfunden, Orte entdeckt und gestaltet werden können. Es gilt, einen Sensus für die Vielzahl historisch und kulturell gewordener Orte zu wecken und sie in ihren Besonderheiten, Eigenheiten und in ihrer Fremdheit ernst zu nehmen. So entstehen kulturelle Fragestellungen in einer multikulturellen Gesellschaft, mit denen produktiv umzugehen ist. Vorschnelle Pädagogisierung dieser Orte ist dabei nicht angeraten, sondern die Sichtung und Erfahrung von Fremdheitsmomenten, die Irritationen und Erstaunen, bestenfalls auch Verstehen hervorrufen können und dürfen (vgl. BLOHM/FÜTTERER 2016, 224).

7.5.1 Augen auf!

Ellen Baumgärtel

Ausgewählter Lernort: Der architektonische Raum als ästhetische Lebens- und Erfahrungswelt

Welchem Bildungsbereich ist der Ort zuzuordnen und an welches Unterrichtsfach ist er vorrangig angebunden?

Der Ort ist dem Bereich *Kultur und Religion* zuzuordnen und ist vorrangig an das Fach Kunst angebunden.

Welche (exemplarische) Bedeutung haben außerschulische Lernorte im Kunstunterricht?

Außerschulische Lernorte (ASL) bieten die Möglichkeit konkreter Anschauung, subjektiver Wahrnehmungen bzw. Sinneseindrücke und individueller Erfahrungen, die für das ästhetische Empfinden grundlegend sind. Dementsprechend groß ist deren Bedeutung für das Fach vor allem in den Lernbereichen Bildende Kunst (Malerei, Grafik, Plastik) und Gestaltete

Umwelt (Architektur, Produktdesign). Raum kann nur dreidimensional erlebt, also vor Ort erfahren werden. Der architektonische Raum, ob nun der, den ein einzelnes Gebäude stellt, oder der, der durch das Zusammenspiel mehrerer Häuser bzw. Bauwerke entsteht, muss in seinen Dimensionen wahrgenommen und erlebt werden können. Somit ist der Bereich Architektur als Teilbereich des Faches Kunsterziehung zwingend auf die Erfahrungswelt vor Ort angewiesen, um Wirkungen des architektonischen Ensembles zu erleben. Natürlich ist die originäre Anschauung auch für das Studium der Motive im produktiven Bereich von Grafik und Malerei notwendig und damit der ASL grundlegend, um Naturstudien, Landschaftsskizzen usw. zu tätigen. Ebenso sind zur Rezeption von Kunstwerken der verschiedenen Epochen Museen geeignet, die neben der konkreten Begegnung mit dem Werk der Künstler pädagogisch aufbereitete Erschließungsangebote und Sekundärinformationen bieten.

Für welche Jahrgangsstufe(n) ist die Erschließung des Lernortes vornehmlich geeignet?

Der Lernbereich Gestaltete Umwelt, zu dem der Bereich Architektur gehört, findet sich in den verschiedenen Jahrgangsstufen in Progression mit differenzierter Schwerpunktsetzung erneut immer wieder. Für die fächerübergreifende Konzeption der Lernorterschließung bieten sich die Jahrgangsstufen 7/8 ggf. 9/10 an, mit deren Lehrplanvorgaben entsprechende Inhalte korrelieren.

Welcher Zeitumfang sollte für den Aufenthalt vor Ort veranschlagt werden?

Der zu veranschlagende Zeitumfang ist in Abhängigkeit zu der komplexen Erschließungsaufgabe zu sehen. Je nach fachübergreifender Ausrichtung der Teilaufgaben kann der Zeitumfang vor Ort differieren, sollte aber innerhalb der Gruppen insgesamt ausgewogen sein (Recherche, Vor- und Nacharbeit). Die Begegnung mit Orten gleicht der mit Personen. Sie braucht Zeit. Vor Ort sollten mindestens 3 bis 4 Unterrichtsstunden geplant werden, um zum einen eine individuelle Annäherungsphase, ein Vertrautwerden zu ermöglichen, dann den Löwenanteil der Zeit zur Erkundung entsprechend der Aufgaben zu geben und abschließend Zeit zum Resümee, zum reflektierten Verabschieden zu haben. Die Erkundung sollte im Unterricht thematische Einbindung erfahren, muss nachbereitet werden (Recherchen, Umsetzungsformen finden), die Ergebnisse in geeigneter Weise präsentiert werden. – Alles zusammen ergibt sich ein Bedarf von ca. 6 bis 8 Unterrichtsstunden.

Worum geht es – was wird deutlich?

Kurzer historischer Exkurs zur Stadtentwicklung

a) Besonderheiten des Lernortes

Seit jeher gestaltet der Mensch seine Umwelt nach seinen Bedürfnissen. Ergab sich anfänglich die Gestaltung der Natur aus ihrer Nutzung, so entwickelte sie sich zunehmend planvoll nach funktionalen und ästhetischen Kriterien im Zusammenleben der Menschen. Die historische Stadtentwicklung im Widerschein der Lebensbedürfnisse im gesellschaftlichen Kontext der Epochen lässt sich eindrücklich am architektonischen Raum ablesen. Architektur in ihrer Funktion innerhalb des bebauten Raums und in der Beziehung zum unbebauten Raum spiegelt sich in der Entwicklungsgeschichte am deutlichsten an Orten mit gesellschaftlicher Relevanz. Beispielhaft soll dazu ein Marktplatz als Untersuchungsort dienen, da dieser von Klein- bis Großstadt universal verfügbar erscheint und Grundlegendes sich leicht übertragen lässt. Historisch gesehen entwickelten sich Städte an markanten Stellen wirtschaftlicher oder politischer Gegebenheiten (Handelswege, Herrschaftssitze) unter sinnvoller Nutzung der landschaftlichen Bedingungen wie Flüsse, Berge usw. Einerseits richtete die Ansiedlung der Bewohner sich danach aus, die vorgefundenen Bedingungen wurden gegebenenfalls zweckorientiert umgestaltet (Brücken, Mauern, Ebenen). Andererseits bestimmten die Bedürfnisse des gesellschaftlichen Zusammenlebens die Gestaltung des bebauten Raumes, ob es eine wehrhafte Siedlung im Schutz der Burg oder ein Warenumschlagplatz am Knotenpunkt von Handelsrouten (Flusslauf, Talweg) o.ä. wurde. Mit der wachsenden Bevölkerungszahl in Mitteleuropa und der Entstehung des Bürgertums im 14./15. Jahrhundert bestimmten deren Interessen die Gestaltung der Siedlungen nachhaltig. Das menschliche Zusammenleben bedurfte der Struktur, Lebensbedürfnisse fanden ihren Ausdruck. Die Gebäude sind steinerne Zeugen dafür. Die Art der Häuser entsprechend ihrer Funktion (und damit einhergehend ihrer Form) im Zusammenspiel (Platzierung, Anzahl) verrät viel über das Leben der Menschen in ihrer jeweiligen Zeit und deren technisches und ästhetisches Verständnis.

b) Anforderungssituation

Die Anforderungssituation ist dem Vorfindlichen des jeweiligen Ortes anzupassen, auch dass es weitgehend authentisch bleibt, selbst wenn es als Gedankenspiel den Schülern vorgestellt wird. Vorab muss entschieden werden, was ins Bewusstsein der Schüler kommen soll: Die Entwicklung welcher Kompetenzen setze ich als Ziele?

Möglicher Aufgabeninhalt: Rekonstruktion der historischen Genese anhand der vorzufindenden Bauwerke, diese in ihrer Wirkung miteinander wahrnehmen und differenziert erfassen (damit wären aus kunsthistorischer Sicht die Stilmerkmale sowie bautechnischen Besonderheiten im Blick, die Fächer Geschichte und Sozialkunde, Religion usw. docken an),

a. für die Jahrgangsstufe 8, indem als Rahmen eine Petition/Argumentation für den Erhalt des historischen Ortskerns gegen eine drohende komplette Neugestaltung (Zeitungsartikel) als Gruppenleistung vorgestellt werden soll;
b. indem der Istzustand vor Ort zwar wahrgenommen und erfasst werden soll, um eine Neugestaltung zu entwickeln anhand gegenwärtiger/zukünftiger Bedürfnisse (Schwerpunkte: moderne Architektur, technische Verfahren, Kunst und Sozialkunde);
c. für die Jahrgangsstufe 10 als Gruppenleistung, indem die Schüler in der Rolle von Mitarbeitern eines Architekturbüros eine Ausschreibung zur Umgestaltung des Stadtkerns/Marktareals etc. anfertigen.

Welche Kompetenzen lassen sich durch den Lernort fördern?

Die Kompetenzförderung durch den Lernort ist primär neben den konkreten Angeboten des Ortes abhängig von der Art der Auseinandersetzung mit ihm, die durch die Aufgaben gefordert werden.

Zusammenspiel von Kompetenzen, ASL, Aufgaben

- Die Anmutung von Innen- und Außenraum erlebt der Schüler als ästhetisch gestaltet und veränderbar. Dabei schult er sein Sehen, Empfinden und Urteilsvermögen für unterschiedliche Räume in Abhängigkeit von ihrer Funktion und kann durch Selbsterfahrung und sinnliche Wahrnehmung räumliche Zusammenhänge und architektonische Elemente untersuchen und dokumentieren, z. B. an ausgewählten Bauwerken stilprägende Gestaltungsmerkmale und die Wirkung ihrer architektonischen Elemente in Abhängigkeit von historischen, religiösen, ökonomischen, politischen und/oder regionalen Gegebenheiten erkennen und unterscheiden.
- Der Schüler kann Architektur in ihrer Beziehung zum bebauten und unbebauten Raum hinsichtlich der Proportionen, Lichtverhältnisse, Sichtachsen und Raumwirkung untersuchen, beschreiben und auf verschiedene Weisen (Zeichnung, Fotografie, Collage usw.) dokumentieren sowie den Zusammenhang von Gestaltung und Funktion reflektieren und individuell werten.
- Er ist in der Lage, komplexe Arbeitsabläufe begleitet zu planen, zu organisieren und durchzuführen. Für die Kompetenzen, die in den Fächern Geschichte, Sozialkunde, Religion, Sprachen usw. im Fokus stehen, gilt oben Genanntes ebenso.

Was ist zu tun?
Der Lernort selbst ist Ausgangspunkt für die Planung des (im Idealfall der) Lehrenden. Wahrnehmungs- und Ideenvielfalt sind gewollt und erwünscht! Hier werden Gegebenheiten gesichtet und dokumentiert sowie die Potenziale für die Fächer zusammengestellt.

a) Was konstituiert den architektonischen Raum *Marktplatz?*
Welche Gebäude/Baukörper in welcher Anordnung ergeben welche Fläche in welcher geografischen Ausrichtung in welchen Dimensionen usw. Welche verkehrstechnische Anbindung und gegenwärtige Nutzung erfahren der Platz, die einzelnen Gebäude? Welche Auffälligkeiten, Besonderheiten, Merkmale bietet er, die diversen Gebäude jeweils? Was eignet sich davon, d. h. gibt Aufschluss über die Kultur vergangener Zeit oder ermöglicht konkrete Erfahrungen?

b) Festlegung der Kompetenzziele mit den Schwerpunkten in fächerverbindender/-übergreifender Perspektive

c) Erstellung von differenzierten Erschließungsaufgaben, die diesen Zielen jeweils zuträglich sind und damit die Grundlagen zur Bewältigung der Anforderungssituation ergeben. Dabei sollten die Aufgaben pro Team thematisch zusammenhängend, vom Zeitaufwand und der Art vergleichbar sowie methodisch vielfältig sein.

Die Lerngruppe wird mit der Anforderungssituation konfrontiert. Ein Zeitungsartikel, der das Vorhaben der Stadt erläutert, den historischen Stadtkern komplett neu zu gestalten, um als Stadt des 21. Jahrhunderts ihr Gesicht neu zu profilieren, endet mit dem Hinweis auf ein Diskussionsforum bzw. eine Bürgeranhörung, auf die sich die Schüler vorbereiten sollen. Gemeinsam wird überlegt, welche begründete Position dazu eingenommen werden soll und wie vorzugehen sei: Welche Arten von Sachkenntnis sind für welche zielführenden Argumentationsstrategien notwendig? Mit der Methode der *Concept-Map* können dabei die verschiedenen Inhalte in ihren Zusammenhängen übersichtlich strukturiert und gewichtet werden. Das kulturhistorische Argument dürfte erwartungsgemäß im Mittelpunkt stehen, was konkrete Recherchen vor Ort erfordert, um die Bedeutung für die Stadt im Einzelnen untermauern zu können.

Was ist zu beachten?
Zu beachten wäre der zeitliche Aufwand der Durchführung, der ggf. mit Tauschstunden der involvierten Fächer geleistet werden kann, ebenso die

üblichen Schritte für Unterrichtsgänge zur rechtlichen Absicherung (Elterninformation, Genehmigung Schulleitung ...). Ansonsten sollten alle Utensilien, die ggf. bei der Aufgabenerledigung benötigt werden, vor Ort gegeben werden, sowie die Möglichkeiten zur Recherche sichergestellt sein (WLAN, Rathaus/Kirche o. ä. geöffnet usw.). Die Verantwortlichkeit für die einzelnen Recherchen sollte nicht nur beim jeweiligen Teamleiter liegen.

Wie kann es weitergehen?

Die Reflexion der Erschließung des Lernorts bezieht sich nicht nur auf die konkreten Untersuchungsergebnisse, sondern betrifft auch die Erfahrungen vor Ort und in der Gruppe entsprechend des subjektiven Konzepts. Was die Begegnung mit und im architektonischen Raum bei den Schülern unmittelbar ausgelöst hat, sollte zur Sprache kommen. Erst danach werden Ergebnisse der Arbeitsaufträge der Gruppen einander vorgestellt. Vertiefende Aufgaben zu den Gestaltungsmerkmalen der Epochen, zu kreativen Techniken der Darstellung, zu geschichtlichen Ereignissen, historischen Persönlichkeiten – auch im Spiegel der Literatur – usw. können während der Überarbeitungszeit gegeben werden.

Die Fotos, farbgrafische Studien von Häusern oder Fassaden (Details, Schmuck), der Monolog der Portalfiguren, mathematisch-physikalische Berechnungen von Formen, Raum oder Material, die Interviews mit dem Bürgermeister, Restaurantbesitzer, der Ladeninhaberin, des Passanten, der englische Stadtführungstext/Flyer, die Marktfrauenspielszene, der Dialog am Stadtbrunnen, die Informationen des Stadtarchivs usw. werden überarbeitet, präsentiert und hinsichtlich der Aussagequalität zur Rahmenaufgabe geprüft. Was davon kann zur Argumentation direkt herangezogen werden, was illustriert indirekt die Bedeutung des Marktplatzes als architektonischen Raum? Wie also sollte das Vorgehen auf der fiktiven Bürgerversammlung sein?

Welche Vorschläge können zum fächerübergreifenden bzw. fächerverbindenden Lernen gemacht werden?

Der architektonische Raum bietet als das die Umwelt prägende Gestaltungselement Verbindungen zu vielen Unterrichtsfächern, die in Abhängigkeit zum konkreten Ort ausgewählt werden sollten (Ergiebigkeit für Kompetenzentwicklung). Vorrangig ist der Bezug zu Sozialkunde, Geschichte, Religion/Ethik, Deutsch und gegebenenfalls zu modernen Fremdsprachen, Mathematik/Physik zu sehen, die zur vertiefenden Erschließung des Lernorts durch die jeweiligen fachspezifischen Aufgabenschwerpunkte beitragen können.

Überlegungen zur Lernstandserhebung
Bewertungsrelevanz haben hier sowohl der individuelle Lernprozess (Selbstreflexion (Lerntagebuch) des Schülers anhand seiner eigenen Gedanken und Ergebnisse der Auseinandersetzung) als auch die Gruppenergebnisse (Präsentation) sowie die Lösung der Anforderungssituation. Je nach Aufgabenschwerpunkten kann im künstlerischen (kreativ/reproduktiv) und sprachlichen Bereich (Argumentation) die Leistung honoriert werden, so dass Sach-, Methoden-, Selbst- und Sozialkompetenz Berücksichtigung finden.

Literatur

BLOHM, MANFRED / FÜTTERER, WERNER (2016): Ortswechsel – andere Orte im Kunstunterricht. In: ERHORN, JAN / SCHWIER, JÜRGEN (Hrsg.) (2016): Pädagogik außerschulischer Lernorte. Eine interdisziplinäre Annäherung. Bielefeld, 213–226

7.6 Die Bedeutung außerschulischer Lernorte für den Religions- und Ethikunterricht

In der Religionspädagogik und Religionsdidaktik ist nach wie vor der Kirchenraum der prominenteste Lernort außerhalb der Schule. Mittlerweile schlagen die Lehr- und Bildungspläne aber auch weitere Beispiele außerschulischer Lernorte (ASL) für den Religions-, Ethik- und Philosophieunterricht vor, die fachdidaktisch verortet und anschlussfähig werden können. Die Begründungen liegen auf der Hand.

Sowohl das Philosophieren als auch das Theologisieren sind an keine Lokalität gebunden und somit nicht abhängig vom Verbleib in der Schule respektive im Unterrichtsraum. TIEDEMANN nennt Beispiele für zahlreiche, sehr verschiedene Orte, die in die Philosophiegeschichte eingegangen sind: der Marktplatz in Athen, Säulengänge, Gärten, Gefängniszellen, Militärfeldlager, königliche Tafelrunden, Volksschulklassen, universitäre Arbeitskreise und schlichte Studierzimmer (vgl. TIEDEMANN 2013, 6).

Ähnliches gilt für die Religions- und Theologiegeschichte. Religiöse und spirituelle Erfahrung(en) respektive Gotteserfahrung(en) sowie Gottesbegegnungen sind an keinen Ort gebunden. Zahlreiche, sehr verschiedene Orte sind auch für die Religions- und Christentumsgeschichte zu vermelden. Die Vielfalt der Lokalitäten reicht von (heiligen) Bergen, Flüssen und Meeren, Gärten, über Straßen und Wege, bis zu Kirchen und Klöstern sowie Friedhöfen. Orte der Natur (Wald, Feld, Wiese, Park), die durch Erkundungen besucht werden, laden zu theologischer Nachdenklichkeit sowie zum

Theologisieren beispielsweise über die Natur als Schöpfung und Gabe Gottes und zu Gesprächen am oder auf dem Weg ein. Der Marktplatz als Repräsentant öffentlicher Räume wirft die anthropologische Frage nach dem Menschen als *zoon politikon* auf. Erinnerungs- und Gedenkorte, an denen die Spannung von unmittelbarer Erfahrung der Vergangenheit und bleibender Ferne und Fremdheit, von Nähe und Distanz augenfällig ist, befördern das Nachdenken über den Umgang mit (religiöser) Identität. Durch ASL wie Krankenhäuser, Alten- und Pflegeheime, in denen Schüler der 9. und 10. Jahrgangsstufen beispielsweise ihre sozialen und diakonischen Praktika absolvieren, rücken fachspezifische ethische und gesellschaftspolitische Fragen sowohl im Religions- als auch im Ethikunterricht in den Fokus der Reflexion.

7.6.1 Vor dem Tod noch mal leben

Matthias Hahn

Ausgewählter Lernort: Das Hospiz als Haus der Sterbe- und Trauerbegleitung

Welchem Bildungsbereich ist der Ort zuzuordnen und an welches Unterrichtsfach ist er vorrangig angebunden?

Der Ort ist dem Bereich *Kultur und Religion* zuzuordnen. Ein würdevolles Leben bis zum Ende, Krankheit, Sterben, Tod, Gedanken über die Zeit nach dem Tod: Das sind existenzielle und schwierige Themen, die besonders im Religions- und Ethikunterricht aufgegriffen werden.

Welche (exemplarische) Bedeutung hat der außerschulische Lernort im Religions- und Ethikunterricht?

Gemeinsame Anliegen des Religions- und Ethikunterrichts

Beide Fächer zeichnet ein besonderes Interesse an außerschulischen Lernorten (ASL) aus. Der Religionsunterricht sucht nach Orten, Themen und Personen gelebter Religion und findet diese in (heiligen) Räumen, in Einrichtungen der tätigen Nächstenliebe (Diakonie und Caritas) oder in Erinnerungsstätten: Kirchenräume, Friedhöfe, Krankenhäuser, Kindergärten, Synagogen und Moscheen werden in einem bildenden Religionsunterricht aufgesucht und die Schüler darin unterstützt, ihre Lebenswelt und ihre eigene Existenz besser zu verstehen. Der Ethikunterricht sucht nach Beispielen, die das „gute Leben“ sichtbar werden und kritisch bedenken lassen. In beiden Fächern wird über den Sinn des Lebens und den Tod nachgedacht.

Im Bereich der „Heiligen Räume“ gibt es vielfältige Überschneidungen. Viele ASL können von Lerngruppen der beiden Fächer gemeinsam besucht werden, seien es Moscheen oder Synagogen, Kirchen oder buddhistische Zentren, Museen oder Gärten, Friedhöfe oder Parkanlagen, Klöster oder Pilgerpfade.

Für welche Jahrgangsstufe(n) ist die vorgestellte Erschließung des Lernortes vornehmlich geeignet?

Auch wenn die Rahmenvorgaben der Bundesländer das Thema Sterben und Tod bereits in die Grundschule legen, sollte der Besuch eines Hospizes erst in höheren Jahrgangsstufen, etwa im 9. bis 10. Schuljahr, durchgeführt werden. Für die Grundschule empfiehlt sich die Einladung von Ehrenamtlichen, die in einem Hospiz mitarbeiten – ein etabliertes Projekt der Hospizbewegung für diese Altersstufe heißt „Hospiz macht Schule". Prinzipiell sind die Einbeziehung der Schüler in Themenwahl und Projektgestaltung und vorab die Suche nach ihrem Einverständnis anzuraten.

Welcher Zeitumfang sollte für den Aufenthalt vor Ort veranschlagt werden?

Welcher Zeitumfang veranschlagt werden soll, ist abhängig von den gesetzten Zielen und vom Lernarrangement. Für Vor- und Nachbereitung sollten mindestens 4 bis 6 Doppelstunden eingeplant werden, für den Besuch im Hospiz 2 Stunden.

Worum geht es – was wird deutlich?

a) Besonderheiten des Lernortes

Infos „Hospize in Deutschland"

In Deutschland gab es 2016 ca. 1 500 ambulante Hospizdienste sowie 236 stationäre Hospize einschließlich der stationären Hospize für Kinder, Jugendliche und junge Erwachsene und mehr als 300 Palliativstationen in Krankenhäusern.

214 stationäre Erwachsenen-Hospize haben im Durchschnitt je ca. 10 Betten. In 2 140 Hospizbetten können pro Jahr ca. 30 000 Menschen versorgt werden. Bis 2015 haben nahezu 10 000 Mediziner eine Zusatzausbildung zum Palliativmediziner absolviert. Mehr als 100 000 Menschen engagieren sich ehrenamtlich, bürgerschaftlich und hauptamtlich und unterstützen die Arbeit für schwerstkranke und sterbende Menschen. Diese sollen während ihrer letzten Lebensphase nicht auf die Geborgenheit und die Wärme einer vertrauensvollen Begleitung verzichten müssen. Wenn es ihr Wunsch ist, sollen sie soweit wie möglich in ihrem gewohnten häuslichen Umfeld betreut und versorgt werden. Hierbei kommen die Fortschritte der Schmerztherapie und die Möglichkeiten der Linderung schwerer

körperlicher Symptome allen schwerstkranken und sterbenden Menschen gleichermaßen zugute.

Die Entwicklung der ambulanten Hospiz- und Palliativdienste hat sich seit 1996 mehr als verdreifacht. Anfang April 2016 gab es in Deutschland rund 1 500 ambulante Einrichtungen einschließlich der Dienste für Kinder.

b) Anforderungssituation

Eine Anforderungssituation kann in diesem Fall nicht konkret formuliert werden. Wenig beschäftigt die Menschen mehr als die Begegnung mit dem Tod und damit ihrer Endlichkeit. Doch geschieht das Sterben heute überwiegend in abgetrennten Bereichen, herausgelöst aus der Familie und dem Alltag. Insofern besteht die Anforderungssituation in der Enttabuisierung eines verdrängten Themas. Die Besonderheit des Lernortes liegt damit auf der Hand: Die Einrichtung bietet einen Raum, der Zeit und Hilfe zum Leben vor dem Tod und zum Abschiednehmen anbietet. Im Mittelpunkt der Hospizarbeit steht der schwerstkranke und sterbende Mensch mit seinen Wünschen und Bedürfnissen sowie seine Angehörigen und Nahestehenden. Besonders die psychosoziale Begleitung der Betroffenen durch Ehrenamtliche trägt dazu bei, dass sich in unserer Gesellschaft ein Wandel im Umgang mit schwerstkranken und sterbenden Menschen vollzieht. Die Begleitung und Unterstützung der Angehörigen endet nicht mit dem Tod, sie wird auf Wunsch in der Zeit der Trauer weitergeführt. Für die Schüler kann der Besuch, auch dies ist eine Besonderheit, zur Überforderung werden und Abwehrreaktionen hervorrufen, besonders dann, wenn sie eigene existenzielle Erfahrungen mit dem Tod noch nicht verarbeitet haben.

Welche Kompetenzen lassen sich durch den Lernort fördern?

Schüler erwerben u. a. folgende Kompetenzen:

- Sie können den Alltag eines Gastes in einem Hospiz und das Hospiz als Einrichtung der Sterbebegleitung beschreiben.
- Sie können ihre Befürchtungen und Vorstellungen über das Sterben und den Umgang mit Sterbenden zum Ausdruck bringen.
- Sie können Gespräche mit den im Hospiz Mitarbeitenden führen und den Lernortbesuch dokumentieren.

Was ist zu tun?

Der Unterrichtseinstieg sollte die Funktion übernehmen, auf behutsame Weise Einstellungen und Gefühle so weit offen zu legen, wie die Schüler dies wollen, damit sie sich der eigenen Haltung vergewissern und Bereitschaft geweckt wird, sich auf das Thema einzulassen (s. Kopiervorlage: Impulsbilder, S. 126). Abschließend wird geklärt, was ein Hospiz ist (Begriff, Grundgedanken, Ziele, Hospizbewegung, stationärer und ambulanter Hospizdienst). Der Unterrichtsgang wird geplant: Aufgaben und Verantwortlichkeiten werden festgelegt, die geplante Dokumentation wird besprochen, die Notwendigkeit respektvollen Verhaltens wird aktualisiert. Wer wird Gesprächspartner sein: Ehrenamtliche, Seelsorger, Pflegepersonal? Wer führt das Gespräch, wenn ein Gast, also ein Bewohner des Hauses sich dazu bereit erklärt? Wenn Fotos aufgenommen werden sollen, ist vorab eine Erlaubnis einzuholen. Ein Erkundungsbogen wird gemeinsam erarbeitet (s. Kopiervorlage: Erkundungsbogen Hospiz, S. 127 f.).

Der Besuch muss sorgfältig durch die Lehrkraft vorbereitet werden.

Dazu gehören:

- Frühzeitige Kontaktaufnahme mit dem Hospiz
- Klärung des Termins und der Besuchsdauer
- Klärung der Erwartungen der Mitarbeitenden und der Gäste
- Klärung der Bedingungen für die auswertende Dokumentation der Schüler
- Klärung des Charakters des Besuchs, besonders dann, wenn mehr als eine Führung intendiert ist
- Information durch einen Elternbrief
- Herstellung von schulinternen Absprachen

Die Auswertung des Besuchs und dessen Dokumentation gehören zusammen, das Erfahrene wird ins Gedächtnis gerufen, Fragen und Ergebnisse gesammelt, Gesprächsprotokolle vorgetragen, Fotos gezeigt und für eine Ausstellung zusammengestellt. Leitfragen können sein: Welche Informationen habe ich auf meinem Erkundungsbogen gesammelt? Was habe ich im Hospiz gelernt? Wo bin ich überrascht worden? Hat sich meine Einstellung gegenüber dem Sterben oder gegenüber Sterbenden verändert? Die entstehende Dokumentation wird präsentiert (einer anderen Lerngruppe, der Schulöffentlichkeit, auf einem Elternabend …) und bietet gute Rückschlüsse auf den Kompetenzerwerb.

Was ist zu beachten?
Möglichst schon im Vorfeld sollte geklärt werden, welche Alternativen sich für Schüler anbieten, die aus verständlichen und nachvollziehbaren Gründen nicht am Unterrichtsgang teilnehmen wollen. Sterben und Tod, Besuch eines Hospizes: Das sind keine „leichten" und ausschließlich kognitiv orientierten Themen für die Schule, die Lehrkräfte sowie die Schüler, die aber eine Sprache für die Endlichkeit des Lebens und den Abschied gewinnen können. Weniger als um Verfügungswissen geht es hier um Orientierungswissen für das Leben außerhalb der Schule.

Wie kann es weitergehen?
Variationen bieten sich durch das vielfältig vorhandene und aktuelle Material an. Das reicht von Büchern wie „Noch mal leben vor dem Tod", in dem Journalisten Menschen vor und nach ihrem Tod im Hospiz portraitierten (unter diesen Stichworten auch im Internet zu finden) über Gedanken von Schülern zu einem Hospizbesuch (Gerd Felder: Abschied und Ankommen, Münster 2010), bis zu diversen Youtube-Clips aus (Kinder-)Hospizen (u.a. im Allgäu oder in Herne) und DVDs wie die von Michael Aue (Leben bis zuletzt – Menschen im Hospiz, erschienen im Media-Versand). Besonders sei verwiesen auf die Arbeit der Stendaler Schulpfarrerin und Schulbeauftragten Kathrin Drohberg, die sie in der Zeitschrift Religion 5–10, Heft 7/2012 (Friedrich-Verlag) unter dem Titel „Hospiz – würdevoll leben bis zuletzt" publiziert hat. In diesem Beitrag finden sich manche weiterführenden Hinweise und Tipps.

Kooperationsverträge zwischen Schulen und Hospizen stellen eine wichtige Möglichkeit dar, der Tabuisierung entgegenzuwirken und zur positiven Entwicklung von Einstellungen im Umgang mit schwer kranken und sterbenden Menschen beizutragen. Im fächerübergreifenden Unterricht wird die eigene Urteilsbildung gefördert. Auch das soziale Engagement und das Verantwortungsbewusstsein gegenüber kranken und schwerstkranken Mitmenschen werden gefördert.

Das Projekt Compassion

Wie kann es weitergehen? Hilfsbereitschaft im sozialen Bereich, Kommunikation, Kooperation und Solidarität mit Menschen, die auf die Hilfe anderer angewiesen sind – diese Ziele stecken den intentionalen Rahmen des Projekts *Compassion* ab. Zu diesem Zweck arbeiten die Schüler während des Schuljahrs zwei Wochen in sozialen Einrichtungen mit, in Krankenhäusern, Altenheimen, Obdachlosenheimen, Suppenküchen, Kindergärten und vergleichbaren Einrichtungen. Die Lehrkräfte besuchen die Jugendlichen an den Praktikumsorten und begleiten die Praktika vor- und nachbereitend. Der Fachunterricht verschiedener Unterrichtsfächer bezieht sich begleitend auf die soziale Thematik. Hier sind fast alle Fächer beteiligt. Die damit angestrebte enge Verbindung von sozialer Praxis und Reflexion, von Sozialpraktikum und Unterricht ist die pädagogische Neuerung des Compassion-Projekts und für seine nachhaltige Wirkung entscheidend. Die erlebnispädagogische Maßnahme des Praktikums steht somit im Zentrum von *Compassion* und vermittelt intensive Eindrücke, die im Schulunterricht so nicht vermittelbar sind: „Ich habe in den neun Jahren Gymnasialzeit unendlich viel Stoff zu lernen bekommen. Das Allermeiste davon werde ich wohl bald vergessen haben. Die Erfahrungen dieser zwei Wochen bleiben mir aber sicher für immer in Erinnerung." Diese Schüleräußerung zeigt die Intensität der gewonnenen Erfahrung auf. Damit lässt *Compassion* es jedoch nicht bewenden: Es soll eine ethische Haltung aufgebaut werden, die auf Einsicht und Verstand basiert.

Welche Vorschläge können zum fächerübergreifenden bzw. fächerverbindenden Lernen gemacht werden?

Das Hospiz und das Thema Sterben und Tod stehen im Fokus anderer Fächer wie Sozialkunde oder Deutsch. Fächerübergreifende Projekte (im Sinne John Deweys), in denen die Fächer ihre Lehrplanvorgaben eintragen und unterschiedliche Fachperspektiven im Vordergrund stehen, sind denkbar. Auch fächerverbindende Vorhaben (im Verständnis der Reformpädagogen Otto Haase oder Adolf Reichwein), in denen das Thema im Vordergrund steht, wurden bereits durchgeführt. Ein Beispiel hierfür sind Schulpartnerschaften zwischen Kinder- und Jugendhospizen auf der einen und Schulen auf der anderen Seite, wie sie u. a. im niedersächsischen Syke entstanden sind.

Literatur

DROHBERG, KATHRIN (2012): Hospiz – würdevoll leben bis zuletzt. In: Religion 5–10. Heft 7 (2012), 28–33

TIEDEMANN, MARKUS (2013): Außerschulische Lernorte im Philosophie- und Ethikunterricht. In: TIEDEMANN, MARKUS (Hrsg.) (2013): Themenheft „Außerschulische Lernorte". Zeitschrift für Didaktik der Philosophie und Ethik. Heft 1 (2013), 3–10

7.6.2 Vorhängeschlösser und mehr! – Die Brücke als implizit religiöser Lernort

Malte van Spankeren

Ausgewählter Lernort: Brücke

Welchem Bildungsbereich ist der Ort zuzuordnen und an welches Unterrichtsfach ist er vorrangig angebunden?

Der Ort ist dem Bereich *Kultur und Religion* zuzuordnen und vorrangig an das Unterrichtsfach Religion angebunden.

Welche exemplarische Bedeutung hat der Lernort im Religionsunterricht?

Für Heranwachsende ist der öffentliche Raum ein Lebensraum, in dem sie sich selbstverständlich aufhalten. Hier begegnen sie anderen Jugendlichen, wodurch sich auch ein Teil ihrer Identitätsbildung vollzieht. Zu diesem öffentlichen Raum zählen neben öffentlichen Plätzen auch Brücken. Ihr gewachsener Stellenwert als Ort der Identitätsbildung zeigt sich nicht zuletzt in einem Phänomen, welches seit einigen Jahren zu beobachten ist. Immer häufiger werden Vorhängeschlösser an Brücken angebracht, die die Verbundenheit zweier Partner symbolisch zum Ausdruck bringen sollen. An dieses Phänomen kann der Religionsunterricht anknüpfen, um die Brücke als außerschulischen Lernort (ASL) zu entdecken.

Der Besuch von ASL vertieft wichtige Kompetenzen, die im Religionsunterricht entwickelt werden, und bietet dabei vielfältige Möglichkeiten, unterschiedliche Lehrplaninhalte zu vertiefen. Kirchen, Moscheen, Klöster, Friedhöfe und Museen zählen zu den „klassischen" ASL, die im Kontext des Religionsunterrichts aufgesucht werden. An diesen Orten finden für die Schüler originale Begegnungen statt und hier vertiefen sie ihre Wahrnehmungs-, Urteils- und Sozialkompetenzen. Die Brücke zählt hingegen zu den exotischeren Lernorten, die es erst noch zu entdecken gilt. Die Themen Liebe und Partnerschaft können mittels der an vielen Brücken angebrachten Schlösser in einem ungewöhnlichen Kontext thematisiert werden, und es wird auf diese Weise ein Lernort genutzt, der aus der Lebenswirklichkeit der Heranwachsenden stammt.

Was ist ein implizit religiöser Lernort

Für welche Jahrgangsstufe(n) ist die vorgestellte Erschließung des Lernortes vornehmlich geeignet?

Da Liebe und Partnerschaft grundlegende Thematiken im Lehrplan Religion bilden und in mehreren Jahrgangsstufen behandelt werden, ist zwar keine bestimmte Jahrgangsstufe für den Besuch einer Brücke in besonderem Maß prädestiniert. Da allerdings viele Brücken stark frequentiert werden, sollte eine Exkursion eher mit älteren Schülern durchgeführt werden, also ab Jahrgangsstufe 9 oder höher.

Welcher Zeitumfang sollte für den Aufenthalt vor Ort veranschlagt werden?

Der zeitliche Aufwand ist überschaubar. Eine besondere Einführung in die Thematik ist kaum notwendig, und Brücken mit Vorhängeschlössern finden sich mittlerweile überall im Stadtgebiet. Insofern dürfte die Exkursion inklusive Vorbereitung und Auswertung nicht mehr als sechs Unterrichtsstunden mit 45 Minuten in Anspruch nehmen.

Worum geht es – was wird deutlich?

a) Besonderheiten des Lernortes

Die Besonderheiten des Lernorts *Brücke* bestehen darin, dass er nur relativ begrenzten Platz bietet und überdies unter Umständen von Pkws oder anderen Verkehrsteilnehmern genutzt wird, worauf bei der Begehung zu achten ist. Außerdem bewegen sich auf demselben Platz, auf dem die Lerngruppe unterwegs ist, andere Fußgänger, sodass auch hier Rücksichtnahme und Vorsicht erforderlich sind.

b) Anforderungssituation

Die Anforderungssituation ist durch folgende Faktoren bestimmt. Brücken sind in der Regel Orte mitten in der Stadt, die ständig genutzt werden, auf denen hohe Aktivität herrscht und wo man den unterschiedlichsten Menschen begegnen wird. Außerdem sind sie Orte, die die Schüler häufig frequentieren, sodass die Nutzung als ASL die Exkursionsteilnehmer mit einer ihnen bis dato unbekannten Perspektive auf die Brücke bekannt machen wird.

Welche Kompetenzen lassen sich durch den Lernort fördern?

Durch die Inblicknahme der Brücke als eines ASL wird bereits die Wahrnehmungskompetenz der Schüler weiterentwickelt. Auch die Methodenkompetenz wird befördert, indem die Lernenden bezüglich der Brücke Informationen – z. B. hinsichtlich ihrer Erbauung – recherchieren und dabei selbstständig Nachforschungen durchführen. Die Sozialkompetenz wird dadurch gefördert, dass sie lernen, sich rücksichtsvoll zu verhalten und sich mit besonderer Rücksichtnahme – auch auf die mutmaßlich vielen anderen Passanten und Verkehrsteilnehmer – zu bewegen. Durch entsprechend gestaltete und gemeinsam zu lösende Arbeitsaufträge kann ferner das gemeinsame Interagieren der Schüler gefördert werden. Dadurch kann ein zentrales Ziel der Nutzung von ASL, die Auflösung der starren Sitzordnung und die Bildung neuer Gruppierungen erreicht werden. Im Ganzen dient die Exkursion auf eine Brücke somit der allgemeinen Werteerziehung.

Was ist zu tun?

Die methodische Erkundung einer Brücke erfordert eine gewisse Vorbereitung. Zur Einführung in die Thematik könnte die Lerngruppe befragt werden, wie man partnerschaftlichen Gefühlen einen symbolischen Ausdruck verleihen kann, der über WhatsApp-Nachrichten hinausgeht. Bereits hier darf damit gerechnet werden, dass ein Schüler von sich aus das Beispiel der Vorhängeschlösser ansprechen wird, da sie ein mittlerweile unübersehbares Phänomen darstellen. Gegebenenfalls kann gezielter nachgefragt werden, welche sichtbaren Spuren einer partnerschaftlichen Verbindung den Schülern auf ihrem Schulweg begegnen. Bezüglich des Lernarrangements sind folgende Arbeitsaufträge denkbar. Zwei Gruppen sollen sich die Vorhängeschlösser genauer ansehen – beispielsweise eine Gruppe pro Brückenseite. Eine weitere Gruppe soll die Brücke als Gesamtkunstwerk näher beschreiben und könnte gegebenenfalls auch Berechnungen zur Statik etc. anstellen. Eine andere Gruppe soll die Umgebung der Brücke genauer in den Blick nehmen: Hier wäre z. B. zu beschreiben, welche Orte eine Brücke miteinander verbindet. Bei Jahrgangsstufen der Sekundarstufe II. wäre es außerdem möglich, mehrere Brücken, die sich in räumlicher Nähe zueinander befinden, parallel aufsuchen zu lassen, damit die verschiedenen Gruppen im Rahmen der Auswertung ihre Ergebnisse miteinander vergleichen (s. Kopiervorlage: Reflexionsbogen Brückenerkundung, S. 129).

Was ist zu beachten?

Anders als die meisten ASL ist bei der Begehung einer Brücke mit einem erhöhten Lärmpegel ebenso zu rechnen wie mit einer besonderen Gefahrensituation. Deshalb sollte nach Möglichkeit eine Brücke ausgesucht werden, die für den Pkw-Verkehr gesperrt ist, oder nur in geringem Maß von Autos und Lkws frequentiert wird. Vor diesem Hintergrund sollte die Erkundung nicht während des Berufsverkehrs durchgeführt werden. Auch

Brücken, auf denen verkehrsbedingt mit hohem Abgasausstoß zu rechnen ist, sollten ausgeschlossen werden. Um diese Hindernisse zu umgehen, könnten Brücken in Parkanlagen oder im Bereich von Flüssen aufgesucht werden. Hier müsste gegebenenfalls darauf geachtet werden, dass im Bereich von fließenden Gewässern besondere Vorsicht notwendig ist. Diesbezüglich ist auch an die entsprechende Belehrung und Sensibilisierung der Lerngruppe bei der Vorbereitung der Erkundung zu denken.

Wie kann es weitergehen?

Bei der Nachbereitung der Exkursion ist neben einer Evaluation in Form eines Fragebogens an die Erstellung eines Produkts zu denken. Beispielsweise könnte die Brücke gebastelt und mit wichtigen Inschriften, Symbolen etc. verziert werden. Ohne größeren Aufwand könnten auch größere Vorhängeschlösser gezeichnet und inhaltlich gefüllt werden. Dabei wird die Lerngruppe dazu aufgefordert, diejenigen Werte, Erwartungen und auch Regeln zu formulieren, die sie an eine Partnerschaft stellen. Um den Symbolwert der Brücke und der Schlösser zu nutzen, werden die Schüler dazu animiert, diejenigen Aspekte zu benennen, die ihrer Meinung nach unverzichtbar für eine funktionierende Partnerschaft sind. Analog dazu werden sie aufgefordert, diejenigen Problemfälle zu visualisieren, die das symbolische Schloss einer Partnerschaft sprengen würden.

Welche Vorschläge können zum fächerübergreifenden bzw. fächerverbindenden Lernen gemacht werden?

Bei der Erkundung einer Brücke könnten fächerübergreifend die Schulfächer Physik, Mathematik oder Kunst beteiligt sein. So könnte im Rahmen des Physikunterrichts untersucht werden, welche statischen Probleme eine Vielzahl von Vorhängeschlössern, die an einer Brücke angebracht werden, hervorrufen. Aber auch die Konstruktion einer Brücke, ihre Maße und Tragfähigkeit könnten hier thematisiert werden – ebenso wie im Mathematikunterricht. Der Kunstunterricht könnte auf die architektonische Gestaltung einer Brücke näher eingehen und die konkrete Brücke als ein Gesamtkunstwerk vor Ort in den Blick nehmen.

7.7 Die Bedeutung außerschulischer Lernorte für den Sportunterricht

In sportpädagogischer Perspektive wird nach den Potenzialen außerschulischer Bewegungsräume mit ihren besonderen Körper-, Bewegungs-, Material- und Sozialerfahrungen gefragt, die der Schulsport auf seinem heimischen Terrain eher begrenzt ermöglichen kann. Auch die Thematisierung der Naturbegegnung im Schulsport und der pädagogischen Möglichkeiten der außerschulischen Lernorte (ASL) auf dem Wasser sind wichtig. Eine Synopse aktueller sportdidaktischer Konzepte und eine Lehrplananalyse könnten die Merkmale und sportunterrichtlichen Perspektiven schulischer Sport-und Bewegungsangebote im Freien, in der Natur bzw. auf dem Wasser aufzeigen. Zu fragen ist außerdem nach der Thematisierung des Sportvereins im Rahmen des Schulsports. Auch die (Bewegungs-)Erfahrungen der Peers und deren Integration in den Schulsport sind von Bedeutung.

Öffnung des Schulsports

Auf der fachdidaktischen Ebene soll sich der Schulsport inhaltlich und methodisch anderen Lernorten öffnen, um vor allem persönliche Erlebnisse und neuartige Bewegungserfahrungen zu stimulieren. Mithin werden Gelegenheiten zum körperlichen Training bereitgestellt sowie Bewegungspraktiken und Sportarten an Originalschauplätzen gewährleistet (z. B. Beach- und Wassersport) (vgl. Schwier 2016, 73f.). Heranwachsende entdecken subjektiv neuartige und als lohnend empfundene Bewegungsaufgaben bzw. -orte. Sie erschließen Räume im Tun, sie lernen die Handlungspraxis jugendlicher Bewegungskulturen kennen und können diese gegebenenfalls auch für zukünftiges Sportengagement fruchtbar machen. Dies beinhaltet ebenfalls eine kritisch-konstruktive Auseinandersetzung mit dem Wagnischarakter der Bewegungsform (vgl. ebd. 90).

7.7.1 Eine Exkursion zum Stadion

Stefanie Pfister und Matthias Roser

Ausgewählter Lernort: Das (Olympia)Stadion in Berlin

Hinweis: Die Exkursion im Fach Sport kann auch in jedem anderen Stadion stattfinden, dann allerdings ohne den geschichtlichen Bezug.

Welchem Bildungsbereich ist der Ort zuzuordnen und an welches Unterrichtsfach ist er vorrangig angebunden?

Der Ort ist dem Bereich *Kultur und Religion* zuzuordnen. Die außerschulische Exkursion zum (Olympia-)Stadion (in Berlin) findet vorrangig im Fach Sport statt, da außerschulische Lernorte (ASL) für das Fach Sport eine große Bedeutung haben. Zudem spielt das Fach Sport im gesellschaftlichen und öffentlichen Leben eine zentrale Rolle. So bietet sich ein ASL gut an, an dem die Wirklichkeit des Sports unterrichtlich aufgesucht, erfahren und verstanden werden kann.

Welche (exemplarische) Bedeutung hat der Lernort für den Sportunterricht?

Exkurs „Stadion"

Selbst kleine Stadien im Einzugsgebiet der jeweiligen Schule repräsentieren durch ihre Lage und durch ihre Architektur materiale historische Dokumente, denen bei einer sachgemäßen, interdisziplinären Analyse hohe Aussagekraft hinsichtlich des seinerzeitigen und gegenwärtigen „Zeitgeistes" bzw. der soziokulturellen Mentalitäten zukommt. Am Beispiel Moskaus hat beispielsweise Kurt Schlögel Überlegungen und Forschungen zur Phänomenologie von Städten in historischer Perspektive angestellt. Sein phänomenologischer Zugang ermöglicht es, „Städte zu lesen" und zwar als gesellschaftlichen und geschichtlichen Mikrokosmos (vgl. Schlögel 2011). Gleichzeitig sind Stadien häufig Orte einer für Städte und Gemeinden zentralen Erinnerungskultur (vgl. Baroth 2006). Insbesondere in kleineren Städten und Gemeinden kommt dem geographischen Ort des jeweiligen Stadions und seinem momentanen architektonischen Zustand bzw. seinen (gegebenenfalls eingeschränkten) Nutzungsmöglichkeiten hohe Aussagekraft hinsichtlich des gesellschaftlichen Stellenwertes des Schul- und Breitensports vor Ort zu.

Für welche Jahrgangsstufe(n) ist die vorgestellte Erschließung des Lernortes vornehmlich geeignet?

Die Erkundung ist vornehmlich für die Jahrgangsstufen 8 bis 13 geeignet.

Welcher Zeitumfang sollte für den Aufenthalt vor Ort veranschlagt werden?
6–8 Unterrichtsstunden

Worum geht es – was wird deutlich?
a) Besonderheiten des Lernortes
Ein Stadion ist ein motivierender ASL, weil die Schüler die gewohnte schulische und sportliche Umgebung – die Turnhalle – verlassen können. Ein Stadionbesuch ist zudem rasch zu organisieren, da ohnehin jeder Schule ein schulnahes Stadion mit einem Zeitplan zugewiesen ist.

Infos zum „Das Berliner Olympia-Stadion"

Einen außergewöhnlichen ASL repräsentiert das Berliner Olympia-Stadion. Dessen Planung und Bau zeigen deutlich die nationalsozialistische Instrumentalisierung der olympischen Bewegung einerseits und des gesamten Sports andererseits (vgl. HILMES 2016). Das hauptsächlich von Werner March geplante architektonische Gesamtensemble „Reichssportfeld Berlin" spiegelt die sportpädagogische Zielsetzung des Nationalsozialismus signifikant wider. Das Olympiagelände ist – in Ost-West-Richtung – über das sogenannte „Marathontor", als architektonisch-geschichtspolitische Deutung der Schlacht bei Marathon 490 v. Chr. zum sogenannten „Maifeld", dem Ort nationalsozialistischer Massenaufmärsche hin geöffnet.

Seine Deutung erfährt das gesamte Ensemble durch die sogenannte „Langemarck-Halle", die in mystifizierender Art und Weise dem „Mythos von Langemarck" gewidmet ist. Prononciert kann – aufgrund der architekturgeschichtlichen Beobachtungen – formuliert werden, dass das Sportlerleben im freiwilligen Selbstopfer und Heldentod, in Analogie zu den „Helden von Langemarck 1914" seine letztgültige Erfüllung findet (vgl. HÜPPAUF 1993).

Die quasi-sakrale Kanonisierung des „Mythos von Langemarck" erfährt ihre Hermeneutik durch den der „Langemarck-Halle" zugeordneten Glockenturm einerseits und die sich in unmittelbarer Nähe befindliche, neopaganen Weihespielen gewidmeten Dietrich-Eckart-Freilicht-Bühne (jetzt Waldbühne) andererseits (vgl. DITHMAR 1992).

Die – zur Fußball-WM 2006 – erbaute Stadionkapelle im Berliner Olympia-Stadion, die sich direkt unter der ehemaligen „Führer-Loge" Adolf Hitlers befindet, dient mittlerweile als vielbesuchter ökumenischer Andachtsraum und als Raum des interreligiösen und interkulturellen Dialogs. Gegenwärtig wird das Olympiastadion in Berlin vorrangig für Fußball-Veranstaltungen (Heimspiele des Bundesligisten Hertha BSC Berlin, DFB-

Pokal-Finale, Länderspiele), Leichtathletik-Veranstaltungen (EM 2018, ISTAF) und Konzerte bekannter Künstler genutzt.

b) Anforderungssituation

Anforderungssituationen, in deren Fokus der Besuch eines Stadions stehen könnte, sind beispielsweise durch die jährlich stattfindenden schulischen Bundesjugendspiele oder – mit Bezug auf das Olympia-Stadion in Berlin – die Leichtathletik-Europameisterschaft 2018 gegeben. Sportliche Wettkämpfe, ob auf schulischer oder internationaler Ebene, sind nicht einseitig auf ihre sportliche Dimension hin in den Blick zu nehmen, sondern mehrperspektivisch (gesellschaftspolitisch, ökonomisch, ideologiekritisch etc.) auszuleuchten. Ihr fächerübergreifendes Potenzial liegt mithin auf der Hand.

Welche Kompetenzen lassen sich durch den Lernort fördern?

Der Lernort verweist thematisch auf das Inhaltsfeld Leichtathletik (Ursprung, Disziplinen, Bedeutung, Wettkämpfe).

Zu Beginn des Aufenthalts vor Ort (ca. 1 Stunde) gibt die Lehrkraft zur Vorbereitung einen theoretischen Überblick über die Thematik „Leichtathletik" (Ursprung, Disziplinen, Bedeutung).

Zunächst werden folgende allgemeine Schlüsselkompetenzen gefördert:

- Selbstständiges Lernen und Handeln,
- Anstrengungsbereitschaft,
- Teamfähigkeit sowie
- Kommunikationsfähigkeit und reflektierte Mediennutzung.

Im Sinne einer kompetenzorientierten Sportdidaktik soll den Schülern die Möglichkeit eröffnet werden, motorisch, sozial, emotional und kognitiv etwas zu lernen, was sie in die Lage versetzt, Probleme zu lösen und damit eine „reflektierte Praxis" zu erwerben.

Die einschlägigen Lehrpläne für die Jahrgangsstufen 5 bis 10 verweisen auf Bewegungs- und Wahrnehmungs-, Methoden- sowie Urteilskompetenzen, die es im Sportunterricht zu fördern gilt.

Im Bereich der Bewegungs- und Wahrnehmungskompetenz zählen dazu

a. das selbstständige, allgemeine und sportartspezifische Aufwärmen,
b. die funktionsgerechte Planung dieser Prozesse und
c. die Weiterentwicklung ausgewählter Faktoren der Leistungsfähigkeit (u. a. Anstrengungsbereitschaft, Ausdauer) gemäß den individuellen Leistungsvoraussetzungen.

Dazu zählen im Bereich der Methodenkompetenz

a. die zielgerichtete Leitung eines Aufwärmprogramms nach vorgegebenen Kriterien,
b. die Kenntnis grundlegender Methoden zur Verbesserung der Leistungsfähigkeit und
c. deren Bedeutung für den menschlichen Organismus unter gesundheitlichen Gesichtspunkten,
d. der Entwurf sowie die Umsetzung eines Handlungsplans für die Verbesserung der Leistungsfaktoren (u. a. der Ausdauer).

Im Bereich der Urteilskompetenz zählen dazu die Beurteilung gesundheitlich vertretbarer und gesundheitlich fragwürdiger Körperideale und Verhaltensweisen (z. B. Aspekte des Dopings bei einer leichtathletischen Disziplin).

Was ist zu tun?

Zu Beginn des Aufenthalts vor Ort (ca. 1 Stunde) gibt die Lehrkraft zur Vorbereitung einen theoretischen Überblick über die Thematik „Leichtathletik“ (Ursprung, Disziplinen, Bedeutung). Beim Besuch des Berliner Olympia-Stadions kann im Sinne einer fächerübergreifenden Kooperation die begleitende Geschichtslehrkraft hier auch einen ersten thematischen Input geben.

Die Schüler erhalten im Sportunterricht zuvor die Aufgabe, in Kleingruppen die Disziplinen der Leichtathletik zu recherchieren und deren Regelwerk den anderen vorzustellen, wobei sich jede Kleingruppe für eine der folgenden Disziplinen entscheidet: Sprint (100 m, 200 m, 400 m), Mittelstrecke (800 m, 1 000 m, 1 500 m, 1 Meile), Langstrecke (3 000 m, 5 000 m, 10 000 m, 1 Stunde), Staffel (4 × 100 m, 4 × 400 m; 3 × 800 m für Frauen, 3 × 1 000 m für Männer), Hürden (100 m Frauen oder 110 m Männer, 400 m), Hindernis (3 000 m), Straße/Gelände (10 km, Halbmarathon, Marathon, 100 km, Crosslauf), Sprint (100 m, 200 m, 400 m), Gehen (Bahngehen, 20 km, 50 km), Sprung (Hochsprung, Stabhochsprung, Weitsprung, Dreisprung), Kugelstoß, Diskuswurf, Hammerwurf, Mehrkampf (Siebenkampf Frauen, Zehnkampf Männer). Dazu erhalten sie die Kopiervorlage „Lernen am anderen Ort“ (s. S. 131).

Es ist wichtig, dass die Schüler sowohl theoretische als auch praktische Aspekte erarbeiten. Der Theorieimpuls sollte folgende Aspekte enthalten und diesem Ablauf folgen:

- Ursprung der Disziplin,
- Besonderheiten (z. B. Genderaspekte, besondere Herausforderungen),

- spezifische Trainingsformen für diese Disziplin,
- Muskelgruppen und spezifische Übungen,
- bekannte Olympiasieger,
- Entwicklung der Disziplin (z. B. Zeiten und Sieger früher vs. heute).

Die vorzubereitende Praxisübung kann wie folgt aussehen:
- spezifisches Aufwärmen (nach den jeweiligen Muskelgruppen) für diese Disziplin,
- Vorstellen, Organisieren und Durchführung einer Übung zur jeweiligen Disziplin,
- abschließende Reflexion in der Gesamtgruppe zur Trainings-/Übungsform.

Zudem kann sich jede Kleingruppe auch einen bestimmten Ort, Platz oder ein Gebäude im Stadion aussuchen, wo die Praxisübungen stattfinden sollen. Hier können auch die geschichtlichen Informationen eingebracht werden.

Praktische Hinweise für Berlin

Das Olympia-Stadion Berlin ist verkehrstechnisch sehr gut erschlossen (S-Bahn, U-Bahn, Bus). Es sind sowohl individuelle Touren durch das ehemalige „Reichssportfeld-Gelände" (Kosten < 10 €/pro Person) als auch geführte Touren (Kosten ca. 12 €/pro Person), mit unterschiedlichen Schwerpunkten (Geschichte, Sport, Architektur) möglich.

Im Kontext einer Klassenfahrt bzw. einer Kursfahrt in der gymnasialen Oberstufe ist das Gelände des Berliner Olympia-Stadions ein lohnenswerter und didaktisch-methodisch bereits gut erschlossener Lernort. Dieser Lernort vermag es, die Schüler zur Erarbeitung zusätzlicher Lernleistungen (Präsentationen zum Mittleren Schulabschluss, Facharbeiten, 5. Prüfungskomponente im Abitur usw. auch in fächerverbindender Perspektive) zu motivieren.

Was ist zu beachten?

Die Lernenden sind bei dem Besuch im Stadion auf dem Hin- und Rückweg auch über die Schule versichert, sodass keine zusätzlichen Versicherungen notwendig sind. Nur wenn die Schüler beim Stadion entlassen werden sollen, ist eine Unterschrift der Eltern vonnöten (s. Kopiervorlage: Elternbrief, S. 130). Wichtig ist, dass sich die Aufsichtspflicht der Lehrkraft auf die gesamte Dauer der Veranstaltung bezieht und für die gesamte Sportstätte, was somit auch für die Umkleiden und Zugänge zur Sportstätte gilt. Dies ist ein wichtiger Faktor, da in den meisten Stadien z. B. die Umkleiden oder WCs am Rand/Eingang liegen, sodass nicht immer eine lückenlose Aufsicht gewährleistet ist. Hier kann Abhilfe geschaffen werden, wenn sich die Schüler bereits in der Schule umziehen und der Toilettengang nur nach Abmeldung von der Lehrkraft und zu zweit vorgenommen wird.

Der Weg zum Stadion kann entweder als lockeres Warmlaufen – dann aber in einem gleichmäßigen, für alle schaffbaren Tempo – oder als schnelles Gehen absolviert werden. Sollte keine zweite Lehrkraft dabei sein, ist es laut Sicherheitserlass wichtig, dass die Gruppe zusammenbleibt, damit eine Aufsicht gewährleistet ist. Daher ist es dann am sinnvollsten, Letzteres zu wählen.

Insbesondere für einen Stadionbesuch muss die Aufsicht präventiv, Gefahren antizipierend, kontinuierlich und aktiv sein. Eine kontinuierliche Aufsicht ist gegeben, wenn die Lehrkraft einen für alle gut sichtbaren Aufsichtsstandpunkt einnimmt. „Aktiv“ bedeutet, dass die Sportlehrkraft auf die Einhaltung der zuvor vereinbarten Regeln achtet. Für Notfälle oder Störungsvorfälle ist es zudem wichtig, dass die Lehrkraft immer die Klassenliste mit den Telefonnummern der Eltern verfügbar hat.

Die Schüler müssen zuvor auf geeignete Sportkleidung hingewiesen werden, bruchfeste Trinkflaschen können mitgenommen werden. Die Lehrkraft muss alle Übungsorte und Sportgeräte auf ihre Sicherheit und Tauglichkeit überprüfen, bevor die Schüler diese nutzen dürfen. Es ist zu prüfen, ob im Stadion (vor Ort) ein Sanitätsraum mit Liege, Trage, Verbandskasten nach DIN 13157 Typ C und Kühlmitteln vorhanden und auch gut erreichbar ist.

Die Lehrkraft sollte vor der Exkursion zum Stadion auch klären, ob gesundheitliche Risiken vorliegen. So ist es z. B. wichtig, dass das Asthmaspray o. Ä. griffbereit ist, dass an die Pollenallergiker gedacht wird und dass immer ein Erste-Hilfe-Set mitgenommen wird. Im Fall von Inklusionsschülern ist für den Schüler mit einem körperlich-motorischen Förderbedarf zu prüfen, inwieweit der Weg zum Stadion und das Stadion selber barrierefrei sind, für einen Schüler mit emotional-sozialem Förderbedarf muss ggf. ein Inklusionshelfer mit dabei sein, damit dieser Schüler nicht aus dem Blick gerät.

Wie kann es weitergehen?

Nach der Exkursion sollen die Ergebnisse im Sportunterricht aufgegriffen werden, indem zu jeder Disziplin eine kurze Unterrichtsreihe der Lehrkraft mit den Schüler-Experten erfolgt. Sinnvoll ist es auch, wenn die Schüler ein kurzes Handout zu ihrer Disziplin und einem geschichtlichen Informationsteil vorbereitet haben und dies nun für alle kopiert werden kann. Dadurch erhalten alle einen Überblick über die leichtathletischen Disziplinen und ggf. über die geschichtlichen Hintergründe des ausgewählten Ortes.

Welche Vorschläge können zum fächerübergreifenden bzw. fächerverbindenden Lernen gemacht werden?

Fächerübergreifende Kompetenzziele

Die Exkursion kann gut mit den Fächern Politik, Geschichte und Politische Weltkunde sowie Religion verbunden werden. Der ASL „Olympiagelände Berlin" in seiner historischen Genese und in seiner gegenwärtigen Gestalt bzw. Nutzung vermag bei den Schülern folgende fächerübergreifende Kompetenzen weiterzuentwickeln bzw. zu fördern:

Die Schüler

- werden für die bis heute beobachtbare Instrumentalisierung des Sports für politische Zwecke sensibilisiert und können sich hierzu positionieren,
- haben die Möglichkeit, Begriff und Gegenstand staatlich inszenierter „Geschichtspolitik" im Kontext der Diktaturen des 20. Jahrhunderts zu rekonstruieren, zu analysieren und sich hierzu kritisch zu positionieren,
- die Schüler lernen Architektur als Modus nonverbaler Vergangenheits- und Gegenwartsdeutung (Zeit des Nationalsozialismus) bzw. Vergangenheits- und Gegenwartsinterpretation (Umbaumaßnahmen zur Fußball-WM 2006 als Auseinandersetzung mit der nationalsozialistischen Vergangenheit des Olympiageländes und als Aufweis einer weltoffenen und demokratischen Bundesrepublik Deutschland) kennen und können beide Modi entsprechend rekonstruieren und sich hierzu positionieren,
- die Schüler haben die Möglichkeit, die Olympia-Kapelle als zeitgenössischen Ausdruck der „Kommunikation des Evangeliums" in einer säkularen Umwelt wahrzunehmen, gegebenenfalls zu würdigen und zu erwägen, welche weiteren Modi der „Kommunikation des Evangeliums" in einer zunehmend a-religiös bzw. konfessionslos werdenden Großstadt ihrer Meinung nach (zukünftig) sachgemäß sind.

Zur Förderung der genannten Kompetenzen eignen sich fächerverbindende Projekte zu den Themen:

- Ideologisierung des Sports (Fächer: Sport und Politik bzw. Sport und Geschichte)
- Jüdische Sportler in der Zeit des Nationalsozialismus (Fächer: Sport und Geschichte)

- Geschichtspolitik in der nationalsozialistischen Diktatur (Fächer: Architektur und Geschichte)
- Schule und Unterricht im Nationalsozialismus (Fächer: Sport und Geschichte)
- Körper und Körperkult (Fächer: Biologie und Kunst)
- Der Mythos vom „Neuen Menschen" (Fächer: Religion und Geschichte)

Impulse zur Selbstreflexion und zum kollegialen Austausch

1. Beraten Sie mit Ihren Fachkollegen, ob Sie langfristig eine Lernorte-Kartei für die einzelnen Jahrgangsstufen erstellen wollen, von der auch die Kollegen der anderen Fächer profitieren können.
2. Diskutieren Sie, ob das außerschulische Lernen fester Bestandteil des Schulprogramms werden soll und wie dementsprechende Partner zu gewinnen sind.

Literatur

BAROTH, HANS DIETER (2006): Jungens, euch gehört der Himmel. Die Geschichte der Oberliga West 1947–1963. Essen (Dokumentation der bis in die Gegenwart wirksamen (Helden)-Narrative in Städten wie Horst-Emscher, Vohwinkel, Delbrück, Hamborn)

DITHMAR, REINHARD (Hrsg.) (1992): Der Langemarck-Mythos in Dichtung und Unterricht. Neuwied

HILMES, OLIVER (2016): Berlin 1936. Sechzehn Tage im August. München

HÜPPAUF, BERND (1993): Schlachtenmythen und die Konstruktion des „Neuen Menschen". In: HIRSCHFELD, GERHARD / KRUMEICH, GERD / RENZ, IRINA (Hrsg.) (1993): „Keiner fühlt sich hier mehr als Mensch". Erlebnis und Wirkung des Ersten Weltkriegs. Essen, 43–84

SCHLÖGEL, KURT (2011): Moskau lesen. Verwandlungen einer Metropole. Carl Hanser Verlag, München

SCHWIER, JÜRGEN (2016): Schulsport auf Tour – Orte des Lernens im Trendsport. In: ERHORN, JAN / SCHWIER, JÜRGEN (Hrsg.) (2016): Pädagogik außerschulischer Lernorte. Bielefeld, 71–93

Name: Klasse: Datum:

Elternbrief „Exkursion in die Stadtbücherei"

Liebe Eltern und Erziehungsberechtigte der Klasse ______,

im Rahmen des Deutschunterrichts zum Thema Leseförderung und Medienkompetenz werden wir am ______________________________ (____.–____. Stunde) die Stadtbücherei (Adresse: ____) besuchen.

In der Stadtbücherei erhalten wir eine Führung und wir arbeiten dort mithilfe einer digitalen Bücherei-App des Bildungsministeriums in Kleingruppen, wobei die Schüler – wenn sie ihr eigenes Tablet mitnehmen – bitte die kostenlose App „Biparcour" herunterladen und installieren.

Die Schüler sollten zudem etwas zu essen und zu trinken mitnehmen. In der Pause können wir einen Raum der Stadtbücherei nutzen.

Wir treffen uns im Foyer der Schule und gehen gemeinsam zur ____ Stunde los.

Nach dem Besuch der Stadtbücherei werden wir noch in der Stadtbücherei eine Exkursionsnachbesprechung und Preisverleihung zur Rallye vornehmen.

Für ______ Uhr ist die planmäßige Rückkehr an der Schule angesetzt. Ihr Kind kann aber auch an der Stadtbücherei – mit Ihrer Erlaubnis – entlassen werden.

Herzliche Grüße

____

Deutschlehrer/in

✂ -

Ich habe die Informationen zum Ausflug meines/r Sohnes/Tochter ____________________________

am ______________________ zum Büchereibesuch erhalten.

☐ Mein Kind kann selbstständig nach dem Unterrichtsgang in der Stadt entlassen werden und nach Hause gehen.

☐ Mein Kind bringt ein eigenes Tablet mit.

☐ Mein Kind bringt kein Tablet mit.

____

Unterschrift

Name: Klasse: Datum:

Tagebuch/Bewertung

Grading Rubric Travelbook

Criteria	Expectation	Credits	Score
Overall Appearance & Organization	generally neat appearance (design; handwriting)	10	
Challenges	required amount of challenges have been fully completed and done properly (content, style, language)	15	
Diary Entries	correct form, appropriate content, enough words, appropriate vocabulary with correct spelling and grammar	25	
Total Score		50	
Grade/Comments			

Platz für Notizen

Name: Klasse: Datum:

Fragebogen (1)

Reflexion und Auswertung der Exkursion zum Friedhof

1. Denke bitte an die Exkursion zurück. Beschreibe, was für dich neu war, was dich überrascht beziehungsweise beeindruckt oder verwundert, möglicherweise auch geärgert hat?

2. Nenne Grabinschriften und/oder Verse bzw. Symbole, die dir besonders in Erinnerung geblieben sind, und halte sie für dich und deine Mitschüler fest.

3. Beschreibe deine Wünsche, wenn man die Exkursion wiederholen würde.

Name: Klasse: Datum:

Fragebogen (2)

4. Lies dir deine Definition eines Friedhofs durch, die du vor der Exkursion niedergeschrieben hast. Schreibe auf, welche Änderungen du nach deinem Besuch auf dem Friedhof daran vornehmen würdest.

5. Vergleiche deine Definition zum Friedhof, die du vor der Exkursion verfasst hast mit deiner aktuell formulierten Definition und beschreibe, was sich geändert hat.

6. Überlege, was du sonst noch anmerken möchtest und schreibe es auf.

Name: Klasse: Datum:

Impulsbilder

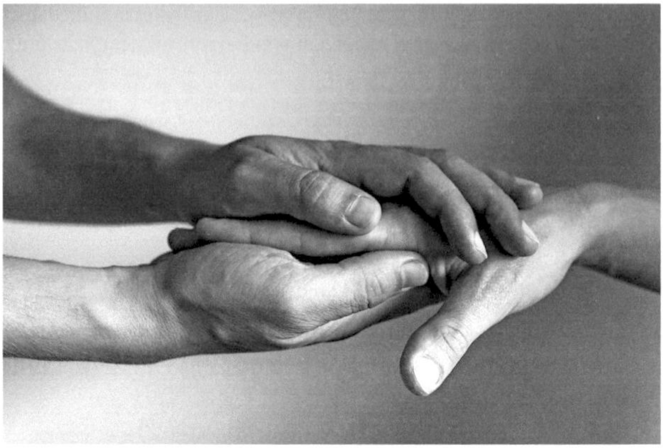

shutterstock/KieferPix

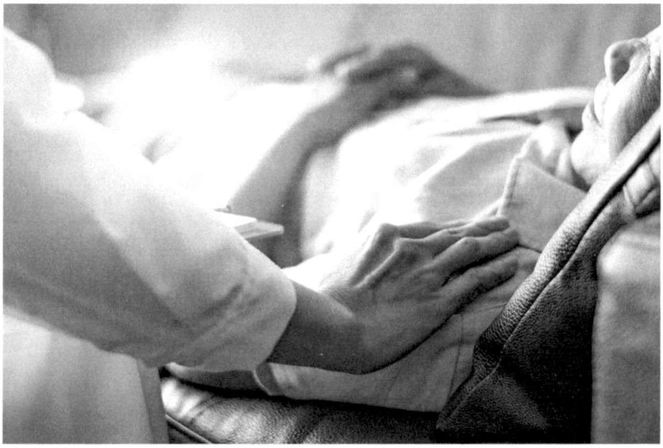

shutterstock/BlurryMe

shutterstock/Lucky Business

Name: Klasse: Datum:

Erkundungsbogen Hospiz (1)

Eindrücke

- Beschreibt euren ersten Eindruck vom Gebäude und den Menschen, auf die ihr trefft.
- Was gefällt euch, was nicht?

- Welchen Eindruck habt ihr von den Räumen und der Einrichtung?

Beobachtungen

- Beschreibt das Haus sowie die Außenanlagen genau. Gibt es Besonderheiten, die das Haus von anderen Häusern unterscheidet?

- Benennt die Regeln, die im Haus gelten.

- Welche Geräusche und Gerüche nehmt ihr wahr?

Name: Klasse: Datum:

Erkundungsbogen Hospiz (2)

- Recherchiert, wie viele Gäste im Haus leben und wie viele Plätze insgesamt vorhanden sind.

- Beschreibt den Alltag im Hospiz.

- Informiert euch: Wer arbeitet hier?

Deutungen

- Interpretiert die Farben im Gebäude und in den Räumen, die Verwendung fanden.
- Was ist den Menschen im Haus besonders wichtig?
- Was verstanden eure Gesprächspartner unter „Hospiz“? Was versteht ihr darunter?

Name: Klasse: Datum:

Reflexion und Auswertung einer Brückenerkundung

1. Denke bitte an die Exkursion zurück. Beschreibe, was dich überrascht hat bzw. welche Aspekte in Bezug auf die Brücke für dich neu waren.

2. Nenne Gegenstände, die dir auf oder neben der Brücke aufgefallen sind.

3. Zähle die Schlösser auf, an die du dich erinnern kannst. Begründe.

4. Überlege, warum du mit deinem Religionskurs eine Brücke aufgesucht hast.

5. Erläutere, ob du eine Brücke künftig anders überqueren wirst als vorher. Meinst du, dass du demnächst genauer darauf achten wirst, was du auf einer Brücke sehen/anfassen kannst?

6. Beziehe Position: Hast du den Eindruck, die Exkursion auf die Brücke hat sich für dich persönlich gelohnt?

7. Beschreibe deine Wünsche, wenn die Erkundung wiederholt würde.

Name: Klasse: Datum:

Elternbrief zur Erkundung des hiesigen bzw. des Berliner Olympia-Stadions

Liebe Eltern und Erziehungsberechtigte des Sportkurses,

im Rahmen unseres Sportkurses zum Thema „Leichtathletik" werden wir am ________________

(_____.–_____. Stunde) das hiesige Stadion / Berliner Olympia-Stadion

(Adresse: ____) besuchen.

Im Stadion erhalten wir eine Führung und erarbeiten die Aspekte der leichtathletischen Disziplinen in Kleingruppen, wobei die Schüler ihre im Unterricht vorbereiteten Impulse und eine jeweilige Übung dazu vorstellen und die Gesamtgruppe dabei anleiten.

Die Schüler sollten ihre Sporttaschen und Sportkleidung dabeihaben.

Wir treffen uns im Foyer der Schule und gehen gemeinsam zur _____. Stunde los.

Nach dem Besuch des Stadions werden wir noch auf dem Gelände des Stadions eine Exkursionsnachbesprechung vornehmen.

Für _________ Uhr ist die planmäßige Rückkehr an der Schule angesetzt.

Ihr Sohn/Ihre Tochter kann aber auch– mit Ihrer Erlaubnis – am Stadion entlassen werden.

Herzliche Grüße

____

Fachlehrer/in Sport

✂ -

Ich habe die Informationen zum Besuch des Stadions ______________________________

am ______________________ erhalten.

Die Exkursionskosten von _______ € gebe ich meinem Kind mit.

☐ Mein Kind kann selbstständig nach dem Unterrichtsgang in der Stadt entlassen werden und nach Hause gehen.

____

Unterschrift

Name: Klasse: Datum:

Lernen am anderen Ort – Das hiesige Stadion (fakultativ: Das Olympia-Stadion in Berlin)

Liebe Schüler der Jahrgangsstufe ____,

im Rahmen unseres Sportkurses werden wir zum Schwerpunkt „Leichtathletik" am ______________________ (____.– ____. Stunde) das (Olympia-)Stadion besuchen.

Im Stadion habt ihr die Aufgabe – in Kleingruppen – eine Disziplin der Leichtathletik der Gesamtgruppe als kurzen Theorieimpuls, den ihr bereits im Unterricht vorbereitet habt, vorzustellen und mit einer praktischen Übung in die jeweilige Disziplin einzuführen.

Euer Theorieimpuls sollte folgende Aspekte enthalten:
- Ursprung der Disziplin
- Besonderheiten (z. B. Genderaspekte, besondere Herausforderungen)
- Spezifische Trainingsformen für diese Disziplin
- Muskelgruppen und spezifische Übungen
- Bekannte Olympiasieger
- Entwicklung der Disziplin (z. B. Zeiten und Sieger gestern und heute)

Eure Praxisübung sollte wie folgt aufgebaut sein:
- Spezifisches Aufwärmen (nach den jeweiligen Muskelgruppen) für diese Disziplin
- Vorstellung, Organisation und Durchführung einer Übung zur jeweiligen Disziplin
- Abschließende Reflexion in der Gesamtgruppe zur Trainings-/Übungsform

Folgende Disziplinen stehen euch zur Auswahl:
- Sprint (100 m, 200 m, 400 m)
- Mittelstrecke (800 m, 1000 m, 1 500 m, 1 Meile)
- Langstrecke (3 000 m, 5 000 m, 10 000 m, 1 Stunde)
- Staffel (4 × 100 m, 4 × 400 m; 3 × 800 m für Frauen, 3 × 1 000 m für Männer)
- Hürden (100 m Frauen oder 110 m Männer, 400 m)
- Hindernis (3 000 m)
- Straße/Gelände (10 km, Halbmarathon, Marathon, 100 km, Crosslauf)
- Sprint (100 m, 200 m, 400 m)
- Gehen (Bahngehen, 20 km, 50 km)
- Sprung (Hochsprung, Stabhochsprung, Weitsprung, Dreisprung)
- Kugelstoß
- Diskuswurf
- Hammerwurf
- Mehrkampf (Siebenkampf Frauen, Zehnkampf Männer)

Viel Erfolg bei der Vorbereitung und Durchführung!

8 Außerschulische Lernorte – PRO und KONTRA

In diesem Kapitel erwartet Sie zum Thema
- eine systematische Gegenüberstellung der Vor- und Nachteile des Lernens an außerschulischen Orten.

Aus verständlichen Gründen schrecken Lehrkräfte mitunter vor der Erkundung außerschulischer Orte zurück. Viele Fragen stehen im Raum:
- Lohnt ein Lernortwechsel den Aufwand an Zeit für notwendige organisatorische Vorbereitungen, eigene Recherchen, vorgängige eigene Erkundung?
- Ist mir als Lehrkraft die Erkundung mit den Schülern wirklich wichtig und habe ich auch gegenüber dem Kollegium, der Schulleitung und den Eltern den Mut, zu dieser Entscheidung zu stehen?
- Habe ich selbst die erforderliche Kompetenz, die Erkundung angemessen vorzubereiten?
- Erkenne ich im Vorfeld das Maximum an inhaltlichen und methodischen Möglichkeiten?

Abschreckende Fragen der Selbstreflexion, die sich gut und gerne hinter organisatorischen Faktoren verstecken lassen (45-minütige Schulstunde, Disziplin, rechtliche Absicherung, Aufsichtspflicht, Kosten). In der Tat: Es ist nicht zu leugnen – die Erkundung außerschulischer Lernorte (ASL) hat Ecken und Kanten. Den anzuerkennenden Vorzügen und Chancen stehen nicht zu leugnende Nachteile und Grenzen außerschulischen Lernens gegenüber. Das Lernen an Orten außerhalb der Schule leistet aber dessen ungeachtet einen ganz eigenen Beitrag zu einer zukunftsfähigen Schule und einem pluralitätsoffenen Unterricht.

Die nachfolgende Übersicht strukturiert beispielhafte Pro- und Kontra-Argumente außerschulischen Lernens nach übergeordneten Kategorien und Schwerpunkten, die in ihrer Vielfalt den vitalen Diskurs um ASL widerspiegeln.

PRO

Bildungs- und schultheoretische Argumente

ASL als

- Teil der Schulentwicklung, Öffnung von Schule, Kooperationen mit außerschulischen Partnern
- institutionell und nicht institutionell vorgeprägte Orte
- Förderung von Grundkompetenzen allgemeiner Bildung sowie Bereitstellung von Anforderungssituationen
- Eröffnung vielfältiger, fächerübergreifender Lernwege
- Ermöglichung des konstruktiven Umgangs mit Pluralität und Heterogenität durch differenzhermeneutische Erkundungen
- Motor und positive Provokation eines auf allen bildungsbezogenen Ebenen geführten Diskurses mit Verbesserung des Bildes der Schule in der Öffentlichkeit

Pädagogische und didaktische Argumente

ASL als

- Gegenstand des Fachunterrichts
- Orte mit hohem Motivationspotenzial
- Orte mit hohem Irritationspotenzial durch Fremdheitserfahrungen
- Ermöglichung ganzheitlichen Lernens mit „Kopf, Herz und Hand“
- „be-greifbare“ Orte abstrakter, komplexer Wirklichkeitszusammenhänge
- Erkundungsaktivität „mit Köpfchen“ (systematisches und kritisch angelegtes Explorieren des sinnlich Erfahrbaren)
- selbstständige Erkundungs- und Erforschungsaktivität
- Entdeckung von Handlungs- und Gestaltungsräumen und eigenverantwortlichem Handeln
- Innovationspotenzial für neue Inhalte, Medien und Methoden

Alltags- und lebensweltorientierende Argumente

ASL als

- Ausbau alltagshermeneutischer Lernwege
- Annäherung und Entdeckung von Vielfalt (gesellschaftlich, sozial, kulturell, religiös, wirtschaftlich, politisch etc.)
- „Initialzündung“ für kulturelle Fragestellungen in einer multikulturellen Gesellschaft
- jeweilig historisch und kulturell gewordene Orte mit Besonderheiten, Eigenheiten und Fremdheiten
- Ermöglichung gesellschaftlicher und kultureller Teilhabe

Erfahrungstheoretische Argumente

ASL als

- Ermöglichung von Erfahrungen als Bildungswert (Primärerfahrungen, sinnliche Erfahrbarkeit, Anschaulichkeit, Fremdheit)
- Ermöglichung von Resonanzerfahrungen
- Ermöglichung neuartiger Bewegungserfahrungen (z. B. im Trendsport) an neuartigen Bewegungsorten

Kommunikations- und sozialorientierte Argumente

ASL als

- interaktionelle Begegnungen mit Menschen, die nur selten oder nie in der Schule zur Verfügung stehen
- Annäherung an die Handlungs- und Berufspraxis unterschiedlicher Personengruppen
- Erprobungsräume zivilgesellschaftlichen Engagements

Raumtheoretische Argumente

ASL als

- Raum mit Bildungswert (Raumbildung, Raumkompetenz, Raumprogramme)
- Charakterisierung von Handlungs-, Gestaltungs-, Erprobungs-, Wahrnehmungs-, Erkundungs-, Erschließungs- etc. Raum

KONTRA

Bildungs- und schultheoretische Argumente

ASL als

- weitere Verkürzung von Schulzeiten
- Beschleunigung der Umgestaltung von Schule zur Ausbildungsinstanz
- „Spiegel" der Institution Schule, wenn vorbestimmt kanalisierte Handlungen und Handlungsrituale „vor Ort" in Anspruch genommen werden
- fehlende Trennschärfe zwischen institutionell und nicht institutionell vorgeprägten Orten
- ungleichgewichtige Förderung von Selbst-, Sozial- und Methodenkompetenz zu Lasten der Sachkompetenz sowie des fachlichen Lernens
- Eröffnung konturenloser, fächerübergreifender Lernwege
- logistischer und organisatorischer Mehraufwand schulischen Lernens
- erhöhter finanzieller Aufwand schulischen Lernens
- umstrittene zeitliche Realisierung
- Verzicht auf „richtigen" Unterricht und „wirklich wichtige" Unterrichtsfächer
- Umschiffung von Lehrplanvorgaben
- Terrain fehlender empirischer Evaluationen

Pädagogische und didaktische Argumente

ASL als

- Ergänzung des Fachunterrichts
- „überproduktiver" Aktionsraum durch eilfertige Pädagogisierung
- Verpflichtung, exklusiv das Didaktische in den Fokus zu rücken
- kopflose Erkundungsaktivität
- Ausschluss von Leistungsbewertung und Lernzielkontrolle
- Missbrauch von Freiräumen
- Gefahrenzone für Disziplinlosigkeit

Alltags- und lebensweltorientierende Argumente

ASL als

- generelle Gefahrenzone (z. B. Verletzungen, Regelverstöße)
- Kontrapunkt zur gesellschaftlichen Globalisierung, Internationalisierung und Digitalisierung

Erfahrungstheoretische Argumente

ASL als

- beliebige Eventstätten mit oberflächlichem Schauen und flüchtigem Erleben
- Freibrief zum Chillen mit den *Peers*

Kommunikations- und sozialorientierte Argumente

ASL als

- kontraproduktive Begegnungsorte
- Begegnungen mit Menschen, die als professionelle Begegnungspartner an Begegnungsübersättigung leiden und gegebenenfalls Abwehrreaktionen zeigen
- Abschreckung zivilgesellschaftlichen Engagements

Raumtheoretische Argumente

ASL als

- Verhinderung der Erschließung virtueller Räume
- allgemeine Gefahrenräume mit mangelnder Sicherheit
- Sicherheitsgefährdung für Lernende und Lehrerschaft

Impulse zur Selbstreflexion und zum kollegialen Austausch

1. Erarbeiten Sie einen Pro- und Kontra-Katalog für Ihre Schule.
2. Diskutieren Sie den Beitrag von ASL für die Entwicklung Ihrer Schule.

Anregungen für die Praxis

9

In diesem Kapitel erwartet Sie zum Thema
- eine Zusammenstellung weiterer Ideen und Impulse.

9.1 Checkliste *Lernortwechsel* für die Lehrkraft

Vor jedem Lernortwechsel

Besuch des Lernortes zur eigenen Erkundung
- Was würde ich selbst gerne an diesem Ort tun?
- Was fällt mir auf?
- Was ist gewöhnlich/ungewöhnlich an diesem Ort?
- Was gefällt mir?
- Was lehne ich ab?
- Was lässt mich staunen?
- Wem begegne ich an diesem Ort?
- Was sollte ich allgemein über diesen Ort wissen?
- Welche vorläufigen Absprachen kann ich vor Ort für einen Besuch treffen?

Erste Annäherungen an mögliche didaktische und methodische Zugänge
- Welche Inhalte und Themen zum Lehrplan, zum fächerverbindenden Lernen entdecke ich?
- Welche didaktische Reduktion nehme ich vor?
- Welche Kompetenzerwartungen und Lernabsichten kann ich formulieren, um die Sach-, Selbst-, Sozial- und Methodenkompetenz der Schüler zu fördern?
- Welche subjektiven Spielräume und Optionen kann ich den Schülern vorhalten?
- Welche Zusatzinformationen, Materialien etc. sind notwendig?

Organisatorische Notwendigkeiten und Erfordernisse
- Was ist in dem notwendigen Gespräch mit der Schulleitung zu klären (evtl. Antragstellung zur Durchführung der Erkundung, Klärung der Aufsichts- und Haftpflicht)?
- Wie bin ich selbst, die Schüler sowie die eventuellen Begleitpersonen versichert? Greift auch hier die bei Schulausflügen gesetzliche Unfallversicherung?

- Wer kommt als Begleitperson mit?
- Welche Anreisemöglichkeiten sind gegeben?
- Wie lange dauert die Anreise?
- Welche Zeit ist für den Aufenthalt am Ort einzuplanen?
- Wird ein Eintrittsgeld erhoben?
- Sind Öffnungszeiten zu beachten?
- Gibt es Möglichkeiten, eine Führung zu bekommen?

3 bis 4 Wochen vorher

- Detaillierte Informationen an die Schulleitung
- Terminfestlegung mit zeitlichen Eckdaten des Besuchs, verbindliche Anmeldung am Lernort
- Eventuell Absprache mit einer Person, die als Gesprächspartnerin am Ort zur Verfügung steht
- Endgültige An- und Abfahrten klären (evtl. Bus bestellen)
- Elternbrief mit folgenden Informationen
  - Termin, Dauer der Erkundung
  - Treffpunkt
  - Abfahrtszeit
  - Kosten
  - Eventuell Einverständniserklärung einholen bei geplanter freier Zeit für die Schüler
- Vorbereitung im Unterricht: Arbeit an gemeinsamen Fragen, Vorerfahrungen, Vorstellungen, Handlungszielen; organisatorische Vereinbarungen
  - Wo gehen wir hin?
  - Was kennen oder wissen wir bereits über den Ort?
  - Worum geht es?
  - Was erwartet uns?
  - Was werden wir dort tun oder erkunden?
- Vorbereitung auf den didaktischen und methodischen Dreischritt: Wahrnehmen, Deuten, Handeln/Gestalten
- Absprachen über Dokumentationsformen (z. B. Schreib- oder Zeichenpapier, Fotoapparat, Handy)

1 bis 2 Wochen vorher

- Geld für Verkehrsmittel oder Eintritt einsammeln (evtl. Fahrkarten besorgen)
- Gegebenenfalls Erkundungsblätter erstellen und kopieren

- Schülerlisten kopieren (evtl. Handynummern eintragen lassen)
- Antrag zum Lernortwechsel (Unterrichtsgang) bei der Schulleitung abgeben
- Eventuell zweiter Besuch des Lernorts (Hat sich etwas geändert? Führe ich ein Vorgespräch mit der Person, die uns am Ort begleitet?)

Letzte Stunde vor dem Besuch des Lernorts

- Letzte Informationen: Treffpunkte, Abfahrten, freie Zeiten
- Schüler erinnern an
  - Verabredungen
  - Verhaltensregeln
  - Dokumentationsmaterial, Kleidung für Regenwetter, Geld und Verpflegung

Am Tag des Lernortwechsels

- Kopien der Erkundungsblätter, Fahrkarten, Eintrittsgelder einstecken
- Materialien mitnehmen (z. B. Fotoapparat)
- Anwesenheit der Schüler prüfen
- Erinnerung an Verhaltensregeln

Bei Ankunft am Lernort

- Endgültige Absprachen über Organisationsformen (z. B. Führung, Arbeit in Gruppen)
- Verständigung über Aktivitäten am Ort (flexible Handhabung)
  - Wen oder was wollen wir beobachten?
  - Wen oder was wollen wir befragen/interviewen?
  - Auf wen wollen wir spontan zugehen?
  - Was wollen wir dokumentieren? (spontane Äußerungen, eigene Befindlichkeiten)
  - Wie wollen wir aufzeichnen? (Notizen machen, Inhalte protokollieren, Handy-Aufzeichnung)
- Beachtung des didaktischen Dreischritts: Wahrnehmen, Deuten und Handeln/Gestalten

Verabschiedung am Lernort

- Mitnahme eines Souvenirs
- Anwesenheit der Schüler prüfen
- Erinnerung an Verhaltensregeln

Zurück in der Schule, im Klassenraum

- Verdichtung und Strukturierung der Erlebnisse, Erfahrungen, Beobachtungen durch methodische Vielfalt
- Souvenir als Sprechanlass
  - Was habe ich mitgenommen?
  - Was habe ich zurückgelassen?
- Unterrichtsgespräch
- Collagen von Texten und Bildern
- Wandzeitungen und Plakate
- Ausstellungen
- Literatur- oder Internetrecherche
  (vgl. Schulte 2015, 8f.)

9.2 Didaktisch-methodischer Erschließungsweg am außerschulischen Lernort

Am außerschulischen Lernort (ASL) selbst markiert das drei-Phasen-Modell Wahrnehmen, Deuten und Handeln bzw. Gestalten einen angemessenen didaktisch-methodischen Erschließungsweg.

So können die Erschließungsschritte aussehen:

1. Wahrnehmen des Ortes

- Wie nehme ich den Ort insgesamt wahr?
- Wie wirkt er auf mich? Was fühle oder empfinde ich an ihm? (Atmosphäre)
- Welche verschiedenen Bereiche (Areale) nehme ich wahr?
- Was sehe ich im Einzelnen?
- Wen sehe ich außer unserer Gruppe noch an diesem Ort?

2. Deuten des Ortes

- Warum fühle oder empfinde ich so an diesem Ort?
- Woher kommt diese besondere Atmosphäre?
- Was gibt der Ort an Einzelheiten zu erkennen?
- Warum halten sich hier Menschen auf und was bedeutet der Ort ihnen?

3. Handeln bzw. Gestalten

- Wie kann ich meine Eindrücke und Deutungen am Ort kreativ gestalten (z. B. Elfchen schreiben, zeichnen)?

9.3 Interview: Strukturierungshilfe

Zur Strukturierung eines Interviews orientieren sich die Schüler an folgendem Dreischritt:

1. Eröffnungsphase
Nach der Begrüßung und einem Warm-up im Sinne eines Small Talks eröffnen die Schüler das Interview mit einer Eingangsfrage. Sie ist der Türöffner, um über die eigene Berufsbiografie des Interviewten zu sprechen.

2. Erarbeitungsphase
Die Schüler stellen Nachfragen zu dem Gehörten und bringen ihre vorbereiteten Fragen ein. Diese bieten Anknüpfungspunkte zur gegenwärtigen Berufspraxis, zum Leben und Arbeiten am Ort.

3. Vertiefungsphase
Die interviewte Person bekommt die Gelegenheit, eigene, als wichtig empfundene Themen anzusprechen.

Impulse zur Selbstreflexion und zum kollegialen Austausch

1. Klären Sie für sich, wie umfänglich Sie sich für Lernorte-Erkundungen engagieren wollen.
2. Tauschen Sie sich darüber aus, wie sich unter den Bedingungen Ihrer Schule eine sinnvolle Einbindung von ASL realisieren ließe.

Literatur

SCHULTE, ANDREA (2015): Rausgehen – einfach so? Außerschulische Lernorte im Religionsunterricht. In: Religion 5–10. Heft 17 (2015), 4–9

Register